GONZALO MONTES

# LOS ERRORES Y PELIGROS DE LA
# NUEVA ERA

*Un camino imposible a la felicidad*

© Gonzalo Montes, 2026
© Ediciones Nueva Eva, 2026

www.nuevaeva.es
martamoreno@nuevaeva.es

Revisión del texto: Marta Moreno Candel
Diseño de cubierta: Irene Cantero Moreno
Diseño y maquetación: José S. Cantero
ISBN: 979-13-990917-4-8
Depósito Legal: M-8374-2026
Impresión: Campillo Nevado S.A.

Printed in Spain – Impreso en España

El contenido y las opiniones expresadas en este libro son
responsabilidad exclusiva del autor.

*A Valentina*

*«No ceso de dar gracias por vosotros, recordándoos en mis oraciones,*
*a fin de que el Dios de nuestro Señor Jesucristo, el Padre de la gloria,*
*os dé espíritu de sabiduría y revelación para conocerlo,*
*e ilumine los ojos de vuestro corazón*
*para que comprendáis cuál es la esperanza a la que os llama,*
*cuál la riqueza de gloria que da en herencia a los santos,*
*cuál la extraordinaria grandeza de su poder en favor de nosotros,*
*los creyentes, según la eficacia de su fuerza poderosa,*
*que desplegó en Cristo,*
*resucitándolo de entre los muertos y sentándolo a su derecha en el cielo,*
*por encima de todo principado, poder, fuerza y dominación,*
*y por encima de todo nombre conocido,*
*no solo en este mundo, sino en el futuro.*
*Y todo lo puso bajo sus pies, y lo dio a la Iglesia,*
*como Cabeza, sobre todo.*
*Ella es su cuerpo, plenitud del que llena todo en todos».*

San Pablo, Carta a los Efesios 1, 16-23

# Índice

# Prólogo

Hay épocas en la historia en las que la sed espiritual del ser humano parece agudizarse de manera particular. La nuestra es, sin duda, una de ellas. En medio de un mundo tecnológicamente avanzado y culturalmente plural, el hombre contemporáneo continúa formulando las mismas preguntas esenciales que han acompañado siempre su existencia: ¿quién soy?, ¿de dónde vengo?, ¿qué sentido tiene el sufrimiento?, ¿hacia dónde se dirige finalmente mi vida?

Estas cuestiones sacan a la luz que el corazón humano ha sido un lugar de búsqueda que lleva inscrito en lo más profundo una sed de sentido, de verdad y de plenitud que ninguna realidad puramente terrena logra saciar del todo. Por eso la historia de la humanidad puede leerse también como la de una incesante peregrinación espiritual cuyas etapas, con demasiada frecuencia, no descansan en las fuentes donde las respuestas a las preguntas fundamentales han sido custodiadas durante siglos.

La Iglesia ha reconocido siempre la nobleza de esta búsqueda. El Concilio Vaticano II afirmaba con profunda lucidez que *«la razón más alta de la dignidad humana consiste en la vocación del hombre a la comunión con Dios» (Gaudium et spes, 19).* El corazón humano, creado para el infinito, no puede dejar de buscar aquello para lo que ha sido hecho. San Agustín expresó esta verdad con una fórmula que atraviesa los siglos y sigue iluminando nuestra época: *«Nos hiciste, Señor, para Ti, y nuestro corazón está inquieto hasta que descanse en Ti» (Confesiones, I, 1).* La historia espiritual de la humanidad muestra también que esa búsqueda puede orientarse por caminos ambiguos. Allí donde el deseo de trascendencia se separa de la verdad revelada, surgen con facilidad formas de religiosidad que prometen iluminación, conocimiento oculto o plenitud interior, pero que terminan encerrando al hombre en un horizonte puramente humano o en una espiritualidad sin rostro personal. No es una situación nueva. Ya san Pablo advertía a los cristianos de su tiempo que *«vendrá un momento en que no soportarán la sana doctrina, sino que, llevados por sus propios deseos, se rodearán de maestros que les halaguen los oídos» (2 Tim 4,3).*

En las últimas décadas, estas propuestas han adquirido una notable difusión bajo la denominación de Nueva Era o *New Age*. Se trata de un fenómeno complejo y difuso, que mezcla elementos de religiones orientales, corrientes esotéricas occidentales, psicologías de corte espiritualista y diversas prácticas de autoayuda o expansión de la conciencia. A primera vista, todas ellas se presentan con un lenguaje atractivo: crecimiento personal, armonía interior, energía universal, desarrollo espiritual o despertar de la divinidad interior.

No es extraño que numerosas personas, movidas por un legítimo deseo de plenitud espiritual, se acerquen a estas prácticas buscando respuestas a las inquietudes más profundas de su existencia. Sin embargo, examinadas con mayor detenimiento y a la luz del Magisterio de la Iglesia revelan con frecuencia una visión antropológica y teológica radicalmente distinta de la fe cristiana. En efecto, el documento *Jesucristo, portador del agua de la vida*, publicado por el Consejo Pontificio de la Cultura y el Consejo Pontificio para el Diálogo Interreligioso, advierte con claridad que la Nueva Era propone con frecuencia *«una espiritualidad sin Dios personal»*. Aunque utiliza un lenguaje espiritual, suele conducir a una visión panteísta o gnóstica de la realidad, donde la salvación ya no se recibe como gracia sino que se busca como conquista interior.

Este contexto cultural es el que da particular relevancia al libro que el lector tiene ahora entre sus manos. Conozco a su autor desde hace años y puedo dar testimonio de su sincera búsqueda de la verdad. Estas páginas no se limitan a estudiar el fenómeno de la Nueva Era desde una perspectiva teórica o académica —aunque su análisis muestra una investigación seria y documentada—, sino que lo aborda desde un itinerario vital que confiere a estas páginas una autenticidad que no puede improvisarse.

No estamos ante un tratado abstracto ni ante una simple crítica intelectual, sino ante el testimonio de alguien que ha recorrido personalmente los caminos que ahora describe y analiza. Antes de ofrecer su reflexión crítica, el autor muestra cómo recorrió personalmente diversos caminos espirituales vinculados a ese universo: prácticas esotéricas, experiencias de corte gnóstico, técnicas de meditación y consultas de carácter adivinatorio que prometían acceso a una sabiduría superior o a una forma más elevada de conciencia y que, como tantas veces sucede, se fueron revelando progresivamente como frágiles promesas. Quien ha atravesado esos senderos posee una mirada distinta. No habla únicamente desde el estudio, sino desde la memoria de una experiencia vivida. Y precisamente por ello su testimonio adquiere un valor singular en el actual panorama cultural.

La historia espiritual de la Iglesia conoce bien este tipo de itinerarios. No pocas veces el camino hacia la verdad pasa por búsquedas prolongadas, por desengaños intelectuales o por experiencias que terminan revelando su propia insuficiencia. San Agustín, tras haber transitado por diversas corrientes filosóficas y religiosas de su tiempo, escribió en una de las páginas más conmovedoras de la literatura cristiana:

*«Tarde te amé, hermosura tan antigua y tan nueva; tarde te amé» (Confesiones, X, 27).*

Aquella confesión del obispo de Hipona expresa la experiencia de innumerables buscadores de Dios a lo largo de la historia: el descubrimiento de que la verdad no es simplemente una idea que se alcanza mediante el esfuerzo humano, sino un don que se recibe cuando el corazón se abre humildemente a la gracia. Así ocurrió finalmente en la vida de Gonzalo, autor de este libro y a quien he podido acompañar espiritualmente durante estos últimos años. En medio de su recorrido personal, marcado por la inquietud espiritual y el desencanto, se produjo el hecho que constituye el corazón de todo camino cristiano: el encuentro con Jesucristo, acontecimiento que constituye el trasfondo de esta obra y que nos permite entender que la experiencia de la búsqueda, incluso cuando pasa por senderos equivocados, puede convertirse también en un camino providencial hacia el encuentro con la verdad.

Desde esa experiencia fundante y transformadora que define los inicios de la espiritualidad cristiana, Gonzalo vuelve la mirada hacia el mundo espiritual que había frecuentado anteriormente y lo examina con una lucidez que nace tanto de la reflexión como de la experiencia, ofreciendo al lector una reflexión clara sobre sus fundamentos históricos, sus presupuestos filosóficos y sus implicaciones espirituales.

Las páginas que siguen muestran cómo muchas de las corrientes que hoy se presentan como nuevas tienen en realidad raíces antiguas: gnosticismo, ocultismo, sincretismo religioso, esoterismo, espiritualidades que diluyen la diferencia entre el Creador y la criatura y diversas reinterpretaciones contemporáneas de tradiciones religiosas orientales. En todas ellas aparece con frecuencia una misma tentación espiritual, la idea de que el ser humano puede alcanzar por sí mismo una forma de divinización mediante el conocimiento interior, la expansión de la conciencia o el acceso a determinadas energías espirituales.

El papa san Juan Pablo II advirtió ya que una de las grandes tentaciones culturales de nuestro tiempo consiste en sustituir a Dios por una vaga espiritualidad centrada en el propio yo. En ese contexto señalaba: *«Cuando el hombre sustituye a Dios por sí mismo, termina perdiendo también el sentido de su propia dignidad» (Fides et ratio, 46).* El cristianismo, en cambio, anuncia una verdad radicalmente distinta. El hombre está llamado ciertamente a la comunión con Dios, pero esa comunión no es el resultado de una autosalvación espiritual. Es siempre un don de gracia. Como recuerda el Catecismo de la Iglesia Católica, *«el deseo de Dios está inscrito en el corazón del hombre»*, pero sólo Dios puede colmar ese deseo porque el hombre no puede salvarse a sí mismo (cf. CIC, 27).

Este libro puede leerse como un ejercicio de discernimiento espiritual. A lo largo de sus páginas se muestran las raíces intelectuales y esotéricas de muchas de estas falsas espiritualidades alternativas que han ido penetrando silenciosamente en la cultura contemporánea. En un contexto cultural semejante resulta especialmente necesario recuperar la capacidad de distinguir entre aquello que conduce verdaderamente hacia Dios y aquello que, aun revestido de un lenguaje espiritual, termina alejando al hombre de la fuente de la vida.

Además, esta obra es también un testimonio de esperanza pues nos recuerda una verdad fundamental del Evangelio: ningún camino humano está definitivamente perdido cuando la gracia de Dios entra en escena. El Señor no deja de buscar al hombre incluso cuando éste se aventura por sendas confusas o equivocadas. Y cuando el corazón humano se abre finalmente a la luz de Cristo, descubre que la verdad que tanto había buscado no era una energía impersonal ni un conocimiento esotérico, sino el amor vivo de un Dios que llama a cada persona por su nombre y que llega perdonando y salvando.

Reconozco como meritorio que el testimonio que ofrece el texto posee también un valor pastoral. En una sociedad donde muchas personas se sienten espiritualmente desorientadas, considero especialmente apreciable escuchar la voz de quien ha recorrido esos caminos y puede hablar desde la experiencia. La historia de Gonzalo Montes se convierte así en una advertencia porque muestra los riesgos espirituales de ciertas prácticas que se difunden hoy con gran facilidad en el ámbito social y cultural.

Dios quiera que su lectura ayude a muchos a redescubrir la serena belleza del catolicismo. El ser humano no necesita inventar su propia salvación ni construir por sí mismo un camino hacia lo divino. La salvación ya ha sido ofrecida al mundo en Jesucristo, el Hijo de Dios, *«el mismo ayer, hoy y siempre» (Hb 13,8)*. Y allí donde el corazón humano se abre a él, por la fuerza del Espíritu Santo, comienza siempre una vida nueva.

**Pbro. Dr. Ángel J. Tello Santos**

Profesor de Cristología
Párroco de San Juan de la Cruz de Toledo
Consiliario Nacional de Acción Católica General

# Introducción

## ¿Un nuevo paradigma para apartar de Dios al hombre?

Las doctrinas enfocadas en diversas prácticas que abordaremos en este libro están enmarcadas en el movimiento de la Nueva Era (*New Age* en inglés). Se trata de un universo independiente, no ajeno a la realidad contemporánea del mundo, en el que se entrelazan una ingente cantidad de teorías y realidades contrarias a la doctrina cristiana, y que en no pocas ocasiones representan un verdadero peligro.

En realidad, la Nueva Era es una forma de neopaganismo y de gnosis, un sincretismo que, además de negar la revelación cristiana, defiende el culto al yo y una gama variada de pseudoverdades que desvían al individuo de su verdadera esencia. Promete la autorrealización y el alcance de la felicidad, dañando a la persona en el proceso para obtenerlas, sin que además pueda alcanzarlas nunca, porque los medios son ilícitos y porque la felicidad completa no podemos obtenerla en este mundo, ni tampoco al margen de Dios.

Habiendo caído yo mismo en muchas de las prácticas de la Nueva Era, conseguí, tras muchos años, comprobar que estaba equivocado y que las prácticas en sí mismas eran un error que me estaba llevando por un camino de sombra y desesperación. Constaté que el bien que promueve la fe cristiana no está en la base de ninguna de las enseñanzas de la Nueva Era, sino todo lo contrario: aquello que inicialmente podría parecer una experiencia reveladora e iluminadora, puede acabar resultando muy dañino.

El profesor Joan Manuel Gutiérrez Delgado, estudioso de la Nueva Era y autor del libro *New Age, religión del final de los tiempos* (Club de Autores, 2020) define la Nueva Era como «un conjunto de prácticas aparentemente heteróclitas, pero unificadas por **una visión de humanización total (holista):** técnicas de **"ampliación de la conciencia"** y **medicina del alma, astrología** o *channeling* (comunicación con la entidad del mundo invisible), control del cuerpo por medio de artes marciales, y mediante el **aislamiento sensorial** o las **terapias "inocuas"; control de la naturaleza** con el arte foral, la ecología o el vegetarianismo. El *New Age* es un nuevo modo de ver la realidad de las cosas. Según lo definen los propios fundadores del New Age, este movimiento es "un **nuevo paradigma**". [...] Por otra parte, Donald Leonard afirma que es un "**lago esotérico** y misterioso donde fluyen las **corrientes de los años 60:** ecologistas, movimientos radicales, ambientalistas y pacifistas. El movimiento de la Nueva Era busca la **liberación de la naturaleza humana y cósmica de sus múltiples dolencias y sufrimientos**, no a través de paradigmas políticos o ideológicos, si bien el *New Age* de hecho está unido al partido verde, sino por medio de la **meditación** y del conocimiento. Hace que la humanidad penetre en el nivel de conocimiento espiritual-planetario, para entrar en una "nueva era" caracterizada por la paz y la felicidad»[1].

Durante los siglos XX y XXI, la expansión de estas creencias en el mundo occidental no ha dejado de crecer, propiciada sin duda por el cambio de valores y la urgencia de encontrar respuestas al vacío interior y a las necesidades espirituales no cubiertas. El número de personas que creen en las prácticas ocultistas no cesa de aumentar. Según las estadísticas, 1 de cada 3 españoles ha consultado el tarot; el 43% de la población mundial cree en la brujería; el 27% de los estadounidenses creen en la astrología y en su influencia en la vida de las personas; en Francia, el 29% de la población cree en la clarividencia; en España, el 25% cree en las predicciones acerca del futuro... Y si el 43% de la población mundial cree en la brujería, se puede deducir que 3.400 millones de personas tienen alguna relación con ella o dan crédito a estas prácticas.

Algunos eslóganes, como «tú puedes alcanzar la felicidad con poco» o «despierta tu conciencia, transforma tu mundo», por mencionar dos de los muchos que promueve el movimiento, calan fácilmente en el individuo, con frecuencia

1 JOAN MANUEL GUTIÉRREZ DELGADO, «New Age, el retorno del gnosticismo: ¿una nueva moda religiosa?», publicado en: http://www.conoze. com/doc.php?doc=1578. El resaltado en negrita es mío, porque muchos de los temas que Gutiérrez Delgado menciona en esta definición coinciden plenamente con todo lo que iremos desarrollando a lo largo de este libro, y resulta una síntesis excelente de lo que constituye la Nueva Era.

desprovisto de una comprensión real de lo que es la conciencia y la fe.

Pero, aunque muchos no saben lo que están haciendo, otros sí saben cuál es el propósito y el alcance de las prácticas que proponen como buenas, sin informar a sus pacientes de las posibles consecuencias. Pongo un ejemplo. En mi caso, y en mi calidad de paciente de psicoterapia, tuve que realizar con frecuencia el test de Rorschach, una prueba para interpretar y analizar la personalidad. No niego que me ayudó a conocerme y a interpretar ciertos miedos, pero todo ese proceso psicológico se vio enturbiado cuando, en ocasiones específicas, se me ofreció la posibilidad de realizar la lectura de la carta astral para confirmar y determinar la situación de mi vida en ese momento, y las predicciones del futuro según los arcanos. No todos los psicólogos recurren a estas prácticas, y los hay muy buenos y grandes profesionales, pero debo decir que lo que me sucedió a mí es más frecuente de lo que parece, y en este punto es donde las circunstancias pueden desviarse por otros derroteros. Por eso es necesario ser prudentes y precavidos.

En el documento *Jesucristo, Portador del Agua de la Vida*, elaborado por el Consejo Pontificio de la Cultura y el Consejo Pontificio del Diálogo Interreligioso, y al que me referiré en otras ocasiones a lo largo del libro, se explica específicamente en qué sentido se han ido estableciendo vínculos cada vez más estrechos entre la psicología y el esoterismo. Desde Carl Jung, se ha trabajado específicamente para difundir la necesidad de un encuentro entre la psicología y la cultura esotérica, convirtiéndose en «una experiencia de **transformación psico-espiritual personal**, que se contempla como algo **análogo a la experiencia religiosa**, después de una crisis personal o una larga búsqueda espiritual. Para otros procede del **uso de la meditación** o de algún tipo de terapia, o de **experiencias paranormales** que alteran los estados de conciencia y proporcionan una penetración en la unidad de la realidad»[2]. De este modo, «**la psicología se utiliza para explicar la expansión de la mente como experiencia "mística"**. El **yoga**, el **zen**, la **meditación trascendental** y los **ejercicios tántricos** conducen a una experiencia de **plenitud del yo** o **iluminación**. Se cree que las "experiencias cumbre" (volver a vivir el propio nacimiento, viajar hasta las puertas de la muerte, el *biofeedback*, la danza e incluso las drogas, cualquier cosa que pueda provocar un **estado de conciencia alterado**) conducen a la unidad y a la iluminación»[3].

Por tanto, debemos tener cuidado porque en la Nueva Era se mezclan lo físico, lo espiritual, lo psicológico, lo natural. Todo es uno. Así, no es de extrañar que cuando acudí a terapia, me encontrara con un terapeuta con una visión holística. ¿Pero era eso lo que yo buscaba o, aún más,

---

2 Consejo Pontificio de la Cultura y Consejo Pontificio para el Diálogo Interreligioso, *Jesucristo, Portador del Agua de la Vida: Una reflexión cristiana sobre la Nueva Era*, 2003 (en adelante, Consejos Pontificios, *Jesucristo, Portador...*).
3 *Ibid.*

lo que necesitaba? Porque es posible que no fuera muy consciente en aquel momento de lo que supone un estado de conciencia alterado.

Al respecto, nos alerta el documento *Jesucristo, Portador del Agua de la Vida*, hablando sobre las teorías de la Nueva Era: «El desarrollo de nuestro potencial humano nos pondrá en contacto con nuestra divinidad interior y con aquellas partes de nuestro yo alienadas o suprimidas. Esto se revela sobre todo en los Estados de Conciencia Alterados (*Alterated States of Consciousness,* ASCs), inducidos por las drogas o por diversas técnicas de expansión de la mente, particularmente en el contexto de la "psicología transpersonal". Se suele considerar al chamán como el especialista de los estados de conciencia alterados, como aquel que es capaz de mediar entre los reinos transpersonales de los dioses y los espíritus y el mundo de los humanos. [...] Hay una notable variedad de enfoques que promueven la **salud holística**, derivados unos de antiguas **tradiciones culturales**, conectados otros con las **teorías psicológicas desarrolladas en Esalen** durante los años 1960-1970. La publicidad relacionada con la Nueva Era cubre un amplio espectro de prácticas, tales como la **acupuntura**, el *biofeedback*, la **quiropráctica**, la **kinesiología**, la **homeopatía**, la **iridología**, el masaje y varios tipos de *bodywork* (tales como *ergonomía, Feldenkrais, reflexología, Rolfing, masaje de polaridad, tacto terapéutico*, etc.), la **meditación** y la **visualización**, las terapias nutricionales, **sanación psíquica**, varios tipos de **medicina a base de hierbas**, la sanación mediante cristales (cristaloterapia), metales (metaloterapia), música (musicoterapia) o colores (cromoterapia), las terapias de **reencarnación** y, por último los programas en doce pasos y los grupos de autoayuda. Se dice que la fuente de la sanación está dentro de nosotros mismos, que la podemos alcanzar cuando estamos en **contacto con nuestra energía interior o con la energía cósmica**».

Muchas de estas afirmaciones son totalmente contrarias al cristianismo. Los cristianos creemos que el hombre es una criatura, y que «como tal permanece para siempre, de tal forma que nunca será posible una absorción del yo humano en el yo divino»[4]. Comprender esto es esencial: Dios y el hombre no se funden, ni se diluyen, ni se igualan. El Creador y la criatura son distintos. Entre ellos hay una alteridad que permite el amor y que aleja al hombre de la soberbia, del narcisismo y del encerramiento en sí mismo: «Donde hay verdadero amor, tiene que haber un *otro*, una persona, diferente.

---

4 Consejos Pontificios, *Jesucristo, Portador...*: «Esto es muy diferente de la concepción cristiana de Dios, Creador del cielo y de la tierra y fuente de toda vida personal. Dios es en sí mismo personal, Padre, Hijo y Espíritu Santo, y ha creado el universo a fin de compartir la comunión de su vida con las personas creadas. "Dios, que 'habita una luz inaccesible', quiere comunicar su propia vida divina a los hombres libremente creados por él, para hacer de ellos, en su Hijo único, hijos adoptivos. Al revelarse a sí mismo, Dios quiere hacer a los hombres capaces de responderle, de conocerle y de amarle más allá de lo que ellos serían capaces por sus propias fuerzas". Dios no se identifica con el principio vital entendido como el "Espíritu" o "energía básica" del cosmos, sino que es ese amor, absolutamente diferente del mundo, que está sin embargo presente en todo y conduce a los seres humanos a la salvación».

Un verdadero cristiano busca la unidad en la capacidad y en la libertad del otro para decir "sí" o "no" al don del amor. En el cristianismo, la unión se ve como comunión y la unidad como comunidad»[5].

Así, el cristiano reconoce que necesita ser salvado por el amor de Dios. Su vida es un camino arduo, pero tiene la tranquilidad y la certeza de saber que Alguien que le ama le está esperando al final. Sabe también que ese camino ha sido ya recorrido antes por Quien dice de sí mismo: «En el mundo tendréis luchas; pero tened valor: Yo he vencido al mundo»[6].

Es precisamente en Jesucristo en quien reside nuestra fe y nuestra esperanza, el Hijo de Dios que nos asegura: «Yo soy el Camino y la Verdad y la Vida. Nadie va al Padre sino por mí»[7].

Tenemos que preguntarnos si lo que nos ofrece el mundo no es más que un modo de alejarnos de Él. A esa pregunta es a la que intentaremos responder en este libro.

Al final del libro, el lector encontrará una oración al arcángel san Miguel que compuso el papa León XIII y otra al Espíritu Santo, del cardenal Verdier. He querido incluirlas porque pueden ser de utilidad para pedir su asistencia y su guía en el camino hacia Dios.

---

5 CONSEJOS PONTIFICIOS, *Jesucristo, Portador...*
6 Jn 16, 33.
7 Jn 14, 6.

CAPÍTULO 1

## Cuando lo oculto llama a la puerta

Me gustaría comenzar este libro hablando de la cercanía con lo oculto desde mi propia experiencia, en un intento de mostrar que hay elementos que no están bajo nuestro control.

Desde niño comencé a tener curiosidad por aquello que entraba dentro de lo oculto. También me caracterizaba por querer obtener respuestas casi inmediatas a mis interrogantes. Mi primer contacto con el ámbito del ocultismo tuvo lugar en Colombia, mi país natal. La persona que lo propició mezclaba el cristianismo con las prácticas esotéricas. No recuerdo con exactitud la edad que tenía, pero sí sé que durante una época de mi vida padecí amigdalitis severa a causa de unas anginas muy inflamadas. Sentía mucho dolor de huesos, fiebre alta y otros síntomas que no remitían con ningún medicamento, lo que me impedía asistir al colegio. Fue entonces cuando una amiga de la familia nos habló de José Gregorio Hernández, el médico y científico que fue declarado santo por la Iglesia católica el 19 de octubre de 2025. Desgraciadamente, y a pesar de haber sido en vida un eminente profesional, su figura ha sido también utilizada y tergiversada dentro del mediumnismo para obtener tanto favores como la cura de distintas enfermedades.

A mi familia y a mí nos pusieron en comunicación con una persona que decía tener contacto con el santo y nos aseguró que mis dolencias podían curarse a través de su intercesión. Nos indicó ciertos pasos a seguir. Había que preparar una habitación en la que debía primar el color blanco y yo también debía vestir de ese color. Además, había que disponer algunos elementos: una vela, incienso, agua y aceite. Era necesario que hubiera silencio y que una luz tenue iluminara la habitación. Antes del momento de la curación, había que realizar una oración y la médium —porque no era otra cosa— invocaría al santo para que durante la noche obrara el milagro. Los demás debíamos esperar a que la intervención se produjera y la médium contactara con él. Se hizo todo lo estipulado. Pasé toda una noche prácticamente en vela esperando, pero finalmente no sucedió nada. El santo no hizo «su» trabajo y todo quedó en un intento frustrado que provocó en mí un estado de gran confusión.

A pesar de eso, continuó desarrollándose en mí esa curiosidad hacia lo oculto y fui a dar con dos personas que leían el tarot. Aquella experiencia sí fue asombrosa. El primer tarotista era un hombre llamado Fabián. Culto y con gran facilidad para acertar en sus predicciones, tenía gran éxito entre personas famosas y de gran poder adquisitivo. Tenía un consultorio en un barrio acomodado y allí acudía yo cuando quería saber más sobre mi futuro inmediato. Fabián tenía una peculiar manera de leer el futuro: cascaba dos huevos en un plato y leía a través de las yemas y alrededor de las claras. Una de las predicciones que acertó fue la edad en la que me graduaría del colegio y los tropiezos que tendría, además de decirme cómo sería la ruptura con mi novia. En su escritorio tenía una Biblia, una imagen de la Virgen y varios santos. Antes de cada lectura del futuro, rezaba una oración católica, un avemaría y alguna cosa ininteligible. Era todo un sincretismo, una mezcla de lo pagano con lo católico, y lo hacía con una seguridad pasmosa. Durante el tiempo que duraba la adivinación, la fisonomía de la cara le cambiaba, así como el tono de la voz. Y no era una impresión mía: era una realidad que daba miedo.

Una de las veces vi algo asombroso que me ayudó a corroborar que, detrás de esa manera de predecir y hablar sobre el futuro, había algo más oscuro. En una lectura del tarot me dijo que tenía que leer un versículo de la Biblia. Durante la lectura, Fabián fue cambiando el tono de voz. Los sonidos se volvieron más lentos y pausados, y su tono más gutural. Entonces se puso de pie y observé que el pelo se le volvía muy canoso, se le arrugaba la cara y se encorvaba como un anciano. Entré en pánico, sin comprender lo que estaba sucediendo. Desde ese momento, dejé de ir a su consulta por temor a que aquello se repitiera.

Sin embargo, aquella terrible experiencia no me disuadió de mi deseo de querer saber más sobre el futuro. También empecé a indagar sobre acontecimientos del pasado, y en concreto sobre la muerte de mi padre, que ocurrió cuando yo tenía ocho años. Ahora pienso que, cuando uno entra en esa rueda, es muy común que se vuelva dependiente de este tipo de cosas.

Al cabo de unos meses, una amiga me habló de un hombre que era muy certero en sus predicciones y me puse en contacto con él. Tenía buena apariencia y generaba confianza. Se llamaba Chema. Leía las cartas con una precisión asombrosa. En aquella época, yo estaba terminando el colegio y he de reconocer que no tenía planes específicos sobre lo que quería hacer. Chema predijo que no viviría en Colombia, sino que desarrollaría mi vida profesional y personal en el extranjero. Al principio no me lo creí y pensé que me estaba timando.

En otra ocasión, me preguntó por qué había estado en un quirófano y por qué tenía puntos en una parte concreta del cuerpo. Me quedé de piedra, porque me dio detalles que solo conocía yo, y nadie más. Además, me dijo que no iba a aprobar el último curso y que tendría que repetir. Y así fue.

Quizá por eso me enganché a sus lecturas del futuro y a sus trabajos con lo oculto. En más de una ocasión me hizo «limpiezas», haciendo círculos y una estrella con pólvora y amuletos. Hacía pases con las manos, como si las impusiera, y usaba palabras que me resultaban ininteligibles. Llegué a realizar hasta dos veces al mes tanto esos rituales como las lecturas del tarot. Chema acertaba en la mayoría de las cosas, hasta el punto de que mis decisiones importantes llegaron a depender de la consulta de las cartas. Una persona que teníamos en común y que le conocía muy bien me dijo que Chema trabajaba con el mal, que utilizaba libros satánicos a manera de grimorios y rituales para mantener los dones de adivinación e influencia. Pero esa información no impidió que yo siguiera asistiendo a su consulta.

Al cabo de un tiempo, empecé a tener sueños intranquilos, pesadillas y algo similar a la ansiedad que se traducía en miedo a dormirme. Más de una vez sentí junto a mi cama la presencia de alguien que me miraba fijamente. Y mi carácter se volvió cada vez más inestable.

Ya había decidido dedicarme a la música, que es mi gran pasión, y a pesar de que había comenzado a cosechar éxitos, había circunstancias que no dejaban de descolocarse en mi vida personal.

Al cabo de unos años surgió la oportunidad de irme de Bogotá a estudiar música a otro país, y así fue como en el año 1994 me establecí en España. Lo que había predicho Chema se estaba cumpliendo casi en su totalidad.

Pasado un tiempo, y ya en Madrid, acudí a ver a una vidente que me dijo cómo sería mi vida en pareja, cuántos hijos tendría y qué problemas se me presentarían en los siguientes cinco años. Me describió a la mujer con la que compartiría mi vida: sus rasgos físicos, a qué se dedicaría y cómo se desarrollaría mi carrera artística. Con esta vidente hice rituales con baños, fuego y oraciones, y otros tantos con hierbas, acompañados de cánticos y plegarias que no reconocía.

Un tiempo después, mi vida se trastocó y fui de fracaso en fracaso, de incertidumbre en incertidumbre. Perdí todo lo que había conseguido durante años, tanto en Colombia como en España. Tuve que buscar una forma de curarme del miedo, porque a esas alturas tenía pánico prácticamente a todo. Aunque intenté recapacitar en lo que me estaba sucediendo, seguí buscando las respuestas en prácticas ocultistas. La meditación trascendental fue una de ellas, algo que ya conocía y que alguna vez había practicado en Colombia. En una de las sesiones, me ocurrió algo espantoso. Estaba repitiendo mantras mentalmente y pude ver cómo mi alma se desprendía de mi cuerpo. Durante unos minutos, me vi desde arriba y contemplé lo que tenía a mi alrededor. No fue una ilusión ni un sueño, fue una sensación extracorpórea que me causó un miedo atroz. Cuando volví a ser consciente, pensé que me iba a dar un infarto. Tuve la sensación de que me moría.

Mi miedo se había vuelto algo permanente. Recurrí a distintas terapias. Una de ellas fue la de las flores de Bach, pero no funcionó. También me adentré en la cábala, una tradición esotérica del judaísmo que utiliza la «energía divina» y la recepción de conocimientos ocultos para entender el alma humana, el universo y la propia vida, pero no me sirvió. Asimismo, acudí a psicólogos, pero tampoco me curé. Probé también con las constelaciones familiares, adentrándome en la búsqueda de ataduras familiares en sesiones que me dejaban ver problemas y dramatizaciones de mi propia vida.

Lo único que me trajo todo aquello fue una mayor confusión y una negatividad creciente.

Llegué a tal punto de desesperación que me fui a Costa Rica a practicar artes marciales, meditación y Chi kung, una práctica oriental parecida al yoga en la que se manejan energías. Lo que se pretende es equilibrar el chi, considerado como la fuerza vital que pasa por todos los meridianos del cuerpo y del universo, para encontrar la paz, el equilibrio y la claridad mental.

Usaba amuletos para alejar las malas vibraciones y leía libros esotéricos y de autoayuda para reafirmar mis razonamientos. Incluso aprendí a hacer pequeños rituales para dar poder a ciertos objetos y atraer la suerte sobre mí.

Mientras tanto, me pasaban cosas que no entendía: había proyectos que se caían, perdía trabajos, me sentía insatisfecho y me surgían continuos problemas con amigos y familiares. Además, empecé a tener animadversión por los sacerdotes y lo sagrado. Maldecía y renegaba de mi suerte. Y entonces recurrí a la ouija.

Todo era desolación y vacío en mí y tuve ganas de quitarme la vida.

En uno de mis viajes de regreso a Colombia, mi madre me dijo que no me reconocía. Veía en mi mirada oscuridad y rabia. Intentó convencerme de ir a misa, pero yo no quería. Alguna vez me invitó a rezar el rosario y a leer la Biblia, pero me resultaba físicamente imposible. No podía, era completamente superior a mí.

No cuento más detalles que pueden ser escabrosos y a lo mejor herir sensibilidades o afectar a terceras personas, pero yo estaba recorriendo un camino muy tortuoso que no le deseo a nadie.

Por entonces entré en la cienciología, donde me dio la impresión de encontrar una cierta respuesta al motivo por el que me sucedían las cosas. Creí que lo que me pasaba se debía a que era preso de mis recuerdos, que todo estaba en mi mente. Comencé un camino donde vi un atisbo de cierta luz, pero con disfraz. Me encontré con conceptos panteístas: todo el poder radicaba dentro de mí mismo y no había salvación fuera del ser humano.

No entraré en particularidades de lo que se hace dentro de esta organización. Tan solo mencionaré que pone el énfasis en el poder de la mente y en el control de las emociones para encontrar la felicidad. Se usan las regresiones y la hipnosis para anular los recuerdos. Se proclama que el ser humano es inmortal y que ha vivido su historia en otros planetas y en reencarnaciones. El trasfondo es esotérico con tintes ocultistas, y usa la manipulación mental hasta conseguir que la persona caiga en trance para conocer su vida presente y las anteriores. Se recurre al esoterismo para conocer la verdad, a la que se va accediendo paulatinamente. Se emplea la palabra *thetan* para denominar a la persona, considerada como ser inmortal y espiritual.

Hay sesiones empapadas de hipnosis llamadas auditaciones. Lo que viví en una de ellas fue angustioso. Tuve una extraña sensación de vacío y, de nuevo, el pensamiento de que iba a morir. El propósito era vaciar la mente de recuerdos mediante la hipnosis y volver al pasado a través de la repetición de frases cortas. Además de todo eso, el seguimiento y la insistencia de los instructores para que todo se hiciera al pie de la letra resultaba más que agobiante.

En definitiva, no era sino una creencia más donde el ser humano reemplazaba a Dios, siendo su propio dios. El propósito era conseguir la iluminación bajo distintos niveles e influir sobre la materia y las personas. Me hablaron del «puente», que en la cienciología hace referencia a ese sendero que nunca termina de recorrerse hasta estar cerca de la verdad. La verdad es considerada como la proclamación de una especie de autosalvación en la que se van adquiriendo niveles de conciencia y una jerarquía espiritual. Lo principal es eliminar la mente reactiva y dejarla libre de traumas para pensar con claridad.

Hay una negación de los límites humanos, algo que se intenta transmitir subrepticiamente desde el inicio. No hay pecado, no hay gracia, no hay redención por medio de Jesucristo. Uno mismo es su propia salvación. Prometen que la mente clara te sana y te permite convertirte en un ser espiritual. Creen que lo que ellos denominan OT —*Operating Tethan* («Operativo Verdadero Tú»)— puede existir fuera del cuerpo. Según ellos, el OT puede influir sobre la materia, la energía, el espacio y el tiempo, y dominarlo todo.

En medio de mi caminar por aquel desierto, una mañana, en una de mis salidas diarias a andar, pasé por delante de una iglesia. Había pasado muchas veces por allí, pero nunca había reparado en ella. Decidí entrar y me senté en uno de los bancos. Al fondo vi una imagen inmensa de Jesucristo detrás del altar en la que ponía: «Confía en mí. Te espero». Tenía una mirada que hablaba y los brazos extendidos. Lloré en silencio. Al mismo tiempo, me sentí lleno de rabia. Mi vida era un fracaso y estaba solo. Lo único que le dije a aquella imagen fue: «Si eres el Jesús de Nazaret que está vivo y del que todo el mundo habla, haz que me salga el proyecto artístico que necesito y quiero, y te prometo que vuelvo aquí a darte las gracias».

Llevaba más de veinte años sin pisar una iglesia, sin comulgar, sin ir a misa ni confesarme. El proyecto artístico era en Colombia y ya se había caído, no había vuelta atrás, lo daba por perdido. Pero al cabo de dos semanas recibí una llamada del gestor del proyecto, quien me informó de que había cambio de planes: después de revisarlo de nuevo, habían decidido llevarlo a cabo. Yo no me lo podía creer. ¿Casualidad? Lo dudo.

No salía de mi asombro. Al día siguiente de aquella noticia, volví a la iglesia a dar gracias a Dios. Al salir, vi en el tablón de anuncios un cartel que me llamó la atención. Anunciaba un retiro de hombres que se llamaba Emaús. Sentí una voz dentro que me decía que debía hacer ese retiro y, sin pensármelo dos veces, llamé al número de teléfono que había en el cartel y me inscribí.

Fueron dos días en los que encontré lo que buscaba, la respuesta a mi vacío de tantos años, a ese ateísmo que me causaba tanto dolor y sufrimiento. Pude confesarme y comulgar. Vi toda mi vida, plagada de errores, la acepté y pedí perdón por todo el daño que me había hecho a mí mismo y el que había causado a otras personas.

Mi vida dio un vuelco. Dios sanó mi corazón y con Él pude alejar al demonio, que había estado durante tantos años haciéndome daño y provocando que cayera en tantos errores.

Hoy tengo fe. Jesucristo me sanó y me perdonó. No tengo angustia ni dolor en el corazón. Tengo una familia preciosa, con una hija que es mi razón de vivir. Sigo yendo a aquella iglesia a dar gracias a Dios. Rezo el rosario para alejar a Satanás. El rosario es el arma más poderosa, lo he podido comprobar. De hecho, estoy convencido de que las oraciones y rosarios incansables de mi madre fueron de una ayuda inconmensurable. Ella le pidió a Dios muchas veces por mi conversión, y Dios le concedió el milagro. De no ser por la insistencia de mi madre y su fe en Dios y en la Virgen, yo ya estaría muerto.

CAPÍTULO 2

# El caldo de cultivo:
# los orígenes de la Nueva Era

Mi propósito en este capítulo es el de ayudar a entender los acontecimientos previos que cristalizaron luego en el surgimiento de la Nueva Era en los años 60 y siguientes, y así aclarar su significado y su influencia en el mundo actual. La popularización del yoga, la meditación, el consumo de drogas, las ideas teosóficas y la propaganda a través de figuras mediáticas y reconocidas, todo ello unido a la atracción por gurúes como Maharishi Mahesh Yogi, Bhaktivedanta Swami Prabhupada (fundador del movimiento Hare Krishna) y Osho, por citar algunos, constituyeron un caldo de cultivo que favoreció el cambio de pensamiento y el progresivo abandono de la concepción cristiana de la existencia.

Esta nueva forma de ver el mundo —ellos lo llamaron «cambio de paradigma»— se vio asimismo influenciada por la adopción de prácticas procedentes de doctrinas orientales como el budismo, la reencarnación, los viajes astrales, el chamanismo, etc. Y como trasfondo, en el mundo de la música se dieron la mano el rock y el ocultismo.

Así pues, se produjo una conexión de muy diversas tendencias: la teosofía de Helena Blavatsky y Alice Bailey; la comuna del Monte Verità de Ascona; la Era de Acuario y Paul Le Cour; el psicoanálisis de Freud, Jung y Otto Gross; el uso del LSD, primero como experimentación en el programa MK Ultra de la CÍA y luego como ácido en fiestas psicodélicas masivas; el libro de Marilyn Ferguson *La Conspiración de Acuario*; el Instituto Esalen y la influencia de Aldous Huxley y Alan Watts; la adopción indiscriminada de técnicas de meditación del hinduismo y budismo, etc., son factores que desencadenarán el movimiento de la Nueva Era. A todo ello nos referiremos en este tema.

Hoy somos testigos, no sin estupefacción, de cómo todo lo que empezó en aquellos años 60 con el movimiento *hippie* está teniendo unos resultados desconcertantes en pleno siglo XXI. Es indudable que estamos sumidos en una crisis de valores en la que hay una inversión de la verdad generalizada y un concepto de falsa libertad que se nos ha vendido a cambio de renunciar a la fe.

Las nuevas creencias implantadas en occidente han cobrado un protagonismo que ha confundido a muchos. En los años 60 eclosionó una forma de anarquía espiritual que en el movimiento *hippie* se tradujo en eslóganes como «haz el amor y no la guerra», «paz y amor» o «todo vale». A la anarquía espiritual, se sumó una exaltación del yo. Ese es uno de los mayores atractivos de este movimiento: «La Nueva Era es *del yo* en la medida en que fomenta la celebración de lo que ha de ser y devenir; y es *para el yo* en la medida en que, al diferenciarse de lo establecido, está en una situación capaz de afrontar los problemas generados por las formas de vida convencionales»[8].

David Spangler, un exponente de la Nueva Era que posteriormente se distanció de ella por su rechazo al recurso excesivo al esoterismo, criticó que «la Nueva Era se ha visto poblada por seres extraños y exóticos, maestros, adeptos, extraterrestres. Es un lugar de **poderes psíquicos y misterios ocultos**, de **conspiraciones** y **enseñanzas escondidas**»[9].

Precisamente de esos «maestros», del uso de los poderes psíquicos y del ocultismo es de lo que vamos a hablar en las próximas páginas, para entender mejor quiénes fueron, desde finales del siglo XIX hasta mediados del siglo XX, los que promovieron el ataque a la fe cristiana y la adopción de una espiritualidad ligada al ocultismo, al esoterismo, a la magia y a unos poderes no siempre claramente definidos.

## 2.1. Helena Blavatsky y la Sociedad Teosófica

Una de las personas más influyentes en lo que luego sería la Nueva Era fue la ucraniana Helena Blavatsky (1831-1981), aristócrata, escritora, ocultista y fundadora de la Sociedad Teosófica.

---

8 Paul Heelas, *The New Age Movement. The Celebration of the Self and the Sacralization of Modernity*. Oxford (Blackwell) 1966, p. 137, citado en: *Jesucristo, Portador…*

9 David Spangler, *The Rebirth of the Sacred,* Londres (Gateway Books) 1984, p. 78s, citado en: *Jesucristo, Portador…*

LA RAE define la teosofía como la «denominación que se da a diversas doctrinas religiosas y místicas, que creen estar iluminadas por la divinidad e íntimamente unidas con ella». Es interesante ver también cómo define la Sociedad Teosófica la web del Ministerio de Cultura del Gobierno español. Tras fechar su fundación en el año 1875 en Nueva York, y señalar como fundadores a Helena Petrovna Blavatsky y al coronel estadounidense Henry Steele Olcott, asegura que ambos «elaboraron una doctrina sincrética basada en el **diálogo de las culturas de occidente y oriente** e intentaron adaptar las **filosofías hindú y budista** con las tradiciones occidentales. Oponiéndose al materialismo ateo, suponía una crítica y una **aceptación de todas las religiones**, fundidas en una **base esotérica**, con una doctrina de **fraternidad mundial,** bajo el lema *"no hay más religión que la verdad"*. La sociedad instaló su cuartel general en la India, en la población de Adyar, y se extendió por todo el mundo con gran rapidez, organizándose grupos teosóficos locales. [...] En 1911 se creó la **Orden de la Estrella de Oriente**, como plataforma para preparar la venida de un **Gran Maestro espiritual**, misión para la que se preparó al joven Krishnamurti, aunque él mismo disolvería la orden en 1929. [...] Además de la Orden de la Estrella, fueron varias las asociaciones subsidiarias que surgieron en torno a la Sociedad Teosófica, como las organizaciones juveniles de la Cadena de Oro y la Tabla Redonda, o el Templo de la Rosa Cruz»[10].

---

10   https://www.cultura.gob.es/cultura/areas/archivos/mc/archivos/

La teosofía sostiene que todas las religiones tienen la capacidad de alcanzar el conocimiento de Dios mediante diversas vías, una de las cuales es el autoconocimiento. Sus ideas se fundamentan en conceptos como el karma, la reencarnación, la hermandad universal y la evolución espiritual del ser humano, términos que explicaremos más adelante.

Desde una edad temprana, Blavatsky demostró gran interés por los asuntos esotéricos y ocultistas, haciendo viajes a la India y Egipto con el fin de profundizar en dichos conocimientos. Se dice que tenía habilidades como médium y que fue en uno de esos momentos de trance cuando escribió su libro *La doctrina secreta*[11].

En esa obra, Blavatsky concluye que todo se origina en una única conciencia universal a través de una interconexión entre los seres humanos, el cosmos y el mundo. Hace referencia a la evolución del ser humano mediante una **espiritualidad interconectada con el todo** y un **despertar de la conciencia,**

---

cdmh/biblioteca/catalogo/seccionespecial/teosofia.html

11 Madame Blavatsky explicó que «escribió tanto *Isis sin velo* como *La doctrina secreta* con la ayuda de los mahatmas y que algunas veces le transfirieron sus conciencias a su cuerpo físico, en un proceso llamado *"tulku"*. Blavatsky afirmaba que tal proceso no era mediúmnico, porque los mahatmas no eran espíritus de muertos, sino seres humanos verdaderos en cuerpos físicos. Según ella, algunas descripciones y citas le fueron mostradas por ellos a través de la luz astral; otras veces, mientras dormía. Según su versión, páginas enteras fueron precipitadas en su propia letra, o las cartas de los maestros se materializaban en el papel. Estas afirmaciones contribuirían fuertemente al hecho de que Blavatsky fuera tomada como impostora», citado en: https://www.templodesalomon.com/index.php?option=com_content&task=view&id=150&Itemid=327&limit=1&limitstart=2

elemento esencial para adquirir el conocimiento de todas las cosas. Asegura claramente que lo que pasa dentro de las personas se muestra en el mundo externo, es decir, que el hombre crea su propia realidad. Esta es una de las convicciones generalizadas en la Nueva Era —cada uno crea su propia realidad— que finalmente cristalizaría en la teoría de Jung, «según la cual el ser humano es una vía de acceso desde el mundo exterior a un mundo interior de infinitas dimensiones, donde cada persona es un *Abraxas* que **da a luz su propio mundo o lo devora**. La estrella que brilla en este **mundo interior** infinito es el dios y meta del hombre»[12]. Aquí encontramos, de nuevo, la idea del hombre como su propio dios.

Uno de los conceptos destacados de la teosofía de Blavatsky es la trascendencia del alma y lo que ocurre con ella tras la muerte. La teosofía cree en la transmigración del alma, es decir, que el ser humano muere y se reencarna en muchos cuerpos para alcanzar la perfección. En su libro, Blavatsky dice: «**La teosofía representa la naturaleza divina, visible e invisible, mientras la sociedad es la naturaleza humana que aspira a elevarse hacia su origen divino**», siendo este uno de los postulados en el que se basan todas las doctrinas de la Nueva Era.

Blavatsky manifiesta que el alma pasa por distintos estados, pero antes de cada vida llega a un lugar llamado *Devachan*, o morada de los dioses, un estado de la conciencia

---

12 Consejos Pontificios, *Jesucristo, Portador…*

donde reposa y halla felicidad, recordando ilusoriamente las vidas pasadas.

La teosofía de Blavatsky respalda que el hombre pasa por muchas vidas y muertes para lograr la conjunción con el todo, que denomina específicamente «el absoluto». Según sean sus acciones, buenas o malas, así será su vida siguiente. No existen premios ni castigos.

Otro tema recurrente de los escritos de Madame Blavatsky era la emancipación de la mujer, «lo cual implicaba un ataque contra el Dios "masculino" del judaísmo, del cristianismo y del islam. Invitaba a volver a la diosa madre del hinduismo y a la práctica de las virtudes femeninas. Estas ideas continuaron bajo la guía de Annie Besant, que se hallaba en la vanguardia del movimiento feminista»[13]. Blavatsky atacaba al Dios cristiano, pero sin embargo admiraba al demonio, del que dice en *La doctrina secreta* que era Dios: «Tan mal han comprendido los cristianos —que despojaron a los judíos de su Biblia— los primeros cuatro capítulos del Génesis en su sentido esotérico, que nunca se han percatado de que no solo no hubo pecado intencionado en esta desobediencia, sino que la "Serpiente" era realmente el "Señor Dios" mismo, el cual, como Ofis, el Logos o portador de la sabiduría divina creadora, enseñó a la humanidad a ser, a su vez, creadora. Nunca han llegado a comprender que la cruz era una evolución del árbol y de la serpiente, convirtiéndose así en la salvación de la humanidad. Por esto se convierte en el primer

---

13 *Ibid.*

símbolo fundamental de la Causa creadora, que se aplica a la geometría, a los números, a la astronomía, a las medidas y a la reproducción animal. Según la Cábala, la maldición que cayó sobre el hombre vino con la formación de la mujer»[14].

En la teosofía, hay una sinergia de conceptos budistas e hinduistas, unidos a la filosofía platónica y a conceptos esotéricos. Se basa asimismo en el mito griego al que hace alusión Platón en *La República*, donde expone que las almas beben del río Leteo («río del Olvido», uno de los cinco ríos que pasan por el Hades, es decir, el Inframundo), antes de volver a reencarnarse. Esa es la razón de que, al volver al plano físico, no recuerden nada de sus vidas pasadas.

## 2.2. Alice Bailey y la jerarquía espiritual

Alice Bailey fue discípula de la Sociedad Teosófica y desarrolló las ideas gnósticas de Helena Blavatsky, entre ellas la nueva encarnación del Cristo cósmico[15].

---

14 HELENA BLAVATSKY, *La doctrina secreta*, TOMO III *(Antropogénesis)*, Luis Cárcamo editor, pp. 240-241, 2007.

15 Explica la Iglesia en *Jesucristo, Portador del Agua de la Vida*, lo que la Nueva Era entiende como Cristo cósmico, frente a la visión cristiana: «En la tradición cristiana, Jesucristo es el Jesús de Nazaret del que hablan los Evangelios, el hijo de María y Unigénito de Dios, verdadero Dios y verdadero hombre, revelación plena de la Verdad divina, único Salvador del mundo: "por nuestra causa fue crucificado en tiempos de Poncio Pilato; padeció y fue sepultado, y resucitó al tercer día, según las Escrituras, y subió al cielo, y está sentado a la derecha del Padre". [...] En la Nueva Era, la "energía divina", cuando es recibida conscientemente por los seres humanos, suele describirse como "energía crística". También se habla de Cristo, pero con ello no se alude a Jesús de

En el mes de noviembre de 1919, Bailey comenzó a escribir textos que, según afirmaba, le eran dictados telepáticamente por un tibetano llamado DK (el maestro Djwal Khul), y los publicó bajo el título de *Iniciación humana y solar*. En ese libro daba a conocer la existencia de la jerarquía espiritual que Madame Blavatsky ya había difundido, aunque no de una forma tan estructurada.

Bailey escribió usando el nombre del maestro durante 30 años, desde 1919 hasta su muerte en 1949. Los conceptos que trataba en sus escritos abarcaban temas ocultistas como los siete rayos, la astrología, la curación esotérica, la jerarquía humana y solar, la magia blanca, el mundo interno, el alma humana, los chacras, las glándulas, etc.

En su *Tratado sobre los siete rayos,* Bailey hablaba de los rayos como fuerzas producidas en el origen de la divinidad universal, generadas por la división de la luz en siete formas o energías conscientes. Estas formas —o rayos— tienen asociadas, a su vez, tanto glándulas en el cuerpo humano como chacras, colores, sonidos, cualidades psicológicas, así como

---

Nazaret. "Cristo" es un título aplicado a alguien que ha llegado a un estado de conciencia donde el individuo se percibe como divino y puede, por tanto, pretender ser 'Maestro universal'. Jesús de Nazaret no fue el Cristo, sino sencillamente una de las muchas figuras históricas en las que se reveló esa naturaleza "crística", al igual que Buda y otros. Cada realización histórica del Cristo muestra claramente que todos los seres humanos son celestes y divinos y los conduce hacia esa realización". [...] Para la Nueva Era, el Cristo Cósmico aparece como un modelo que puede repetirse en muchas personas, lugares o épocas. Es el portador de un enorme cambio de paradigma. Es, en definitiva, un potencial dentro de nosotros».

fuerzas inherentes a los grandes seres del universo. Bailey califica la astrología esotérica como «astrología del alma». Establece regencias planetarias, distintas a las tradicionales, e invierte el sentido del movimiento de las cartas astrales.

En otro de sus libros, *Del intelecto a la intuición,* ofrece una explicación occidental a las formas de comprensión orientales, relacionando, entre otras cosas, las glándulas con los chacras.

En su *Tratado de magia blanca* se aproxima al mundo fenoménico de la **entidad superior** que, **alojada en el interior del ser humano** y **en conexión con todas las fuerzas universales**, constituye el alma. La conexión con esta entidad —supuestamente omnisciente y omnipotente— era para Bailey el propósito fundamental de la vida humana.

Además, Bailey declaró que había recibido del maestro un mantra o rezo para que lo entregara a la humanidad con el fin de acelerar el desarrollo humano. Fue publicado en 1945 y ha sido traducido a más de 80 idiomas. Se denomina la «Gran Invocación».

Bailey fue una de las precursoras más importantes de la Nueva Era. Su legado se mantiene en una organización no gubernamental llamada Lucis Trust. Si uno accede a la web de dicha organización, se encuentra con un eslogan, nada más abrir la página, que dice: «Que se realice el Plan de Amor y de Luz». La propia organización se define de la siguiente manera: «Lucis Trust se dedica a la creación de una forma de vida nueva y mejor para todos en el mundo, basada en el cumplimiento del Plan divino para la humanidad. Promueve la educación de la mente humana para que se reconozcan y se apliquen los principios y valores espirituales en los que puede basarse una sociedad mundial estable e interdependiente. La filosofía esotérica de su fundadora, Alice Bailey, inspira sus actividades, que se ofrecen gratuitamente en ocho idiomas en todo el mundo»[16].

El nombre original de Lucis Trust era Lucifer Publishing Company, fundada en 1922. El cambio de nombre, por razones obvias, se debió a que el primero causaba rechazo público. Pero la esencia sigue siendo la misma. Lucifer, en su significado genérico, es el portador de luz. Era el ángel más bello y predilecto antes de la caída de los ángeles.

Como hemos dicho, Alice Bailey fue miembro de la Sociedad Teosófica. En la teosofía, Lucifer es visto como un principio de iluminación y una conciencia superior, y eso es precisamente en lo que se asienta la doctrina que profesa y enseña este centro.

Bailey afirmaba que «Lucifer representa la vida que es iluminación». En la página web de Lucis Trust, hay apartados donde se habla sobre la luz y sobre Cristo, pero no el Jesucristo redentor y hombre que redimió al mundo, sino uno distinto, equiparado con Buda o Krishna. Dios es una energía universal que ponen al nivel de Maitreya, el futuro Buda que aparecerá en la tierra para alcanzar la iluminación, un instructor o elegido con un poder sobrenatural para guiar

---

16   https://www.lucistrust.org/es/

al mundo en la gran apertura de conciencia e iluminación para que pueda producirse el paso a la Era de Acuario. Los conceptos que utiliza Lucis Trust y sus creencias se basan en el hinduismo, el gnosticismo, el budismo y el ocultismo. Hay una crítica abierta al cristianismo como religión que, aseguran, tiene que ser superada porque no muestra la verdad en su totalidad. La entidad tiene una escuela de formación esotérica y de meditación. El núcleo principal es poder entender y conocer a los maestros de sabiduría y a los instructores planetarios, que tienen la misión de otorgar luz y entendimiento del hombre y su divinidad. Al mismo tiempo que niegan la divinidad de Cristo, afirman que la salvación es evolución; la revelación, conocimiento; y Lucifer, un ser positivo que ilumina al hombre.

Su propuesta es que la persona puede resolver por sí misma todo lo que necesita, encontrar respuestas a todas las incógnitas y alcanzar la divinidad. No es de extrañar que haya mucha gente dispuesta a seguir este credo, pero lo que llama la atención es por qué tiene cabida una entidad así en la Organización de las Naciones Unidas.

Se supone que la ONU es una organización aconfesional, laica y neutral, integrada por 193 Estados miembros, que no se adhiere a ninguna religión. Sin embargo, Lucis Trust opera dentro de la ONU, que legitima su ideología, avalando conferencias, organización de eventos y concediéndole un papel de asesoría en temas referentes a valores, espiritualidad y ética. Mientras tanto, en sus conferencias, Lucis Trust define el pecado como ignorancia; la verdad, como conciencia; Dios, como poco más que un principio; la fe, como conocimiento; la salvación, como evolución.

En la sede en Nueva York de la ONU hay una sala llamada *A Room of Quiet* destinada al silencio y a la reflexión, independientemente de la fe que uno profese. Fue creada en 1952 por el secretario de entonces, Dag Hammarskjöld, para promover «la tranquilidad interior y la quietud exterior». Fue la propia ONU la que creó el Día Mundial de la Meditación, para fomentar la paz interior, la compasión, el bienestar mental y la unidad. Pero al hablar aquí del concepto de meditación, no nos estamos refiriendo a la meditación cristiana como oración contemplativa, que no busca vaciar la mente, sino llenarla de Dios y su Palabra. La meditación a la que se refiere Lucis Trust (y la ONU a través de ella) es más una herramienta de atención plena, es decir, una atención al propio individuo para despojarlo del yo, de los apegos, y llegar a una autorrealización por sí mismo donde pueda vivir en plenitud sin Dios, sin fe y sin salvación.

## 2.3. Carl Jung: gnosticismo, esoterismo, alquimia y magia como expresiones del inconsciente colectivo

Carl Gustav Jung, uno de los padres del psicoanálisis, unía el esoterismo y la psicología para, según afirmaba, comprender mejor la mente del ser humano.

De hecho, mientras estudiaba medicina en la Universidad de Basilea, empezó a participar en sesiones espiritistas en las que una prima suya ejercía de médium. Jung quedó tan impactado que su tesis doctoral, *Psicología y patología de los llamados fenómenos ocultos,* se basó en las observaciones que anotaba tras aquellas sesiones de espiritismo.

La FIAMC (Federación Internacional de Médicos Católicos del Mundo) dedica un artículo muy interesante a propósito de la estrecha relación entre Jung y el ocultismo[17]. En él se afirma que «la obra de Jung parece como el intento de formular en un lenguaje psicológico moderno las teorías de algunas doctrinas ocultas». En la conclusión, el artículo recoge una afirmación sorprendente de Gilles Quispel, profundo conocedor de la gnosis: «La gnosis más importante de nuestro siglo (XX) es la psicología compleja de C. G. Jung»[18].

Aunque no es el tema de este libro ahondar en la actividad de Carl Jung, sí me gustaría puntualizar que en su lugar de residencia vivió sucesos paranormales que están recogidos en el mencionado artículo: «Para facilitar estos contactos —con los espíritus— Jung se construyó una casa particular, un torreón en Bollingen en la orilla del lago de Zurich, sin electricidad y sin agua corriente: "Si un hombre del siglo XVI se instalase en esta casa, solo serían nuevas para él la lámpara de petróleo y las cerillas; con el resto se sentiría totalmente

---

17  https://www.fiamc.org/medical-specialties/psychiatry/carl-gustav-jung-y-el-ocultismo/
18  GILLES QUISPEL, *Gnosis als Weltreligion. Die Bedeutung der Gnosis in der Antike,* [*Gnosis como religión mundial. La significación de la gnosis en la antigüedad*], Origo, Zurich 1972, p. 76., citado en: https://www.fiamc.org/medical-specialties/psychiatry/carl-gustav-jung-y-el-ocultismo/

a gusto. Nada molesta a los muertos, ni la luz eléctrica ni el teléfono. Pero las almas de mis antepasados perviven también en la atmósfera espiritual de la casa, pues les doy respuesta a cuestiones que dejaron pendientes en su vida, respuestas buenas y malas, según mis propias capacidades. Incluso las he esbozado en las paredes en forma de cuadro. Es como si una gran familia silenciosa, que se extiende a través de los siglos, poblara la casa. Allí vivo en 'segunda persona' y veo la vida, panorámicamente, cómo transcurre y pasa"»[19].

Jung formuló sus teorías afirmando que la influencia de estos fenómenos facilitaba la interacción entre la mente y lo espiritual. Concedía importancia a la telepatía y a la clarividencia —lo que no deja de ser esoterismo mezclado con terapia psicológica— como medios para encontrar una verdad espiritual.

Jung fue quien introdujo la idea del inconsciente colectivo, una especie de depósito de símbolos y recuerdos compartidos con personas de diversas épocas y culturas diferentes. Según Wouter Hanegraaff, tanto Jung como el psicólogo William James contribuyeron a la **sacralización de la psicología**. En efecto, Jung «no solo psicologizó el esoterismo, sino que también sacralizó la psicología, llenándola de los contenidos de la especulación esotérica. El resultado fue un corpus de teorías que permite hablar de Dios cuando en realidad se

---

19 C. G. JUNG, *Recuerdos, sueños, pensamientos*, editado por Aniela Jaffé, Planeta, Buenos Aires 2002, p. 280, citado en: https://www.fiamc.org/medical-specialties/psychiatry/carl-gustav-jung-y-el-ocultismo/

quiere decir la propia psique, y hablar de la propia psique cuando en realidad se quiere decir lo divino. Si la psique es "mente", y Dios también es "mente", entonces hablar de una cosa significa hablar de la otra»[20].

Un elemento central de su pensamiento era el culto al sol, «donde Dios es la energía vital (libido) del interior de la persona». Según afirmó él mismo, «esta comparación no es un mero juego de palabras». [...] Este es el *dios interior* al que se refiere Jung, la divinidad esencial que creía existía en todo ser humano. **El camino hasta el universo interior pasa a través del inconsciente y la correspondencia del mundo interior con el exterior reside en el inconsciente colectivo»**[21].

## 2.4. 1900: La Comuna de Monte Verità en Ascona

Al despuntar el siglo XX coincidieron Henry Oedenkoven, hijo de un empresario belga; Ida Hoffmann, profesora de música feminista; y Karl Gräser, teniente del ejército austríaco. Pronto se dieron cuenta de que los tres compartían inquietudes similares. «Detestaban la sociedad patriarcal, amaban al sol como a un dios y rendían culto a la Mujer primigenia, como símbolo de la Madre Tierra»[22].

---

20 Wouter J. Hanegraaff, *op. cit.*, p. 377 et passim, citado en: *Jesucristo, Portador...*
21 Consejos Pontificios, *Jesucristo, Portador...*
22 https://www.lanacion.com.ar/cultura/contracultura-en-monte-verit-nid221774/

Enseguida se les unieron algunos familiares y amigos, hasta completar un primer grupo de siete personas que querían escapar de las ciudades y adquirir un terreno para crear una comunidad regida por sus propias normas. Para ello compraron en Ascona (Suiza) unas hectáreas de terreno en una colina de Monescia y la llamaron *Monte Verità*.

En un principio, la comunidad estuvo basada en el socialismo y en el vegetarianismo. Colin Ward, un escritor e historiador británico anarquista, describió así a los colonos de Monte Verità: «Aborrecían la propiedad privada, practicaron un rígido código de moralidad, vegetarianismo estricto y nudismo. Rechazaron la convención en el matrimonio y el vestido, partidos políticos y dogmas: fueron tolerantemente intolerantes»[23].

Cuatro años después de su fundación, se trasladó a Monte Verità el médico anarquista Raphael Friedeberg, y con él muchos otros anarquistas decidieron unirse al proyecto. También acudieron personajes influyentes del momento: el escritor Hermann Hesse, Carl Jung, la bailarina y coreógrafa Isadora Duncan, el pintor alemán Paul Klee, el ocultista austriaco Rudolf Steiner, el psicoanalista y discípulo de Freud Otto Gross, el sociólogo Max Weber...

Ida Hofmann publicó un texto en el que defendía que las mujeres no debían casarse, ya que para ella el matrimonio no era más que una cadena de mentiras. Las grandes religiones,

---

23 Colin Ward, «Walter Segal, Community Architect», https://segalselfbuild.co.uk/news/waltersegalbycol.html

el hinduismo, el cristianismo y el judaísmo eran patriarcales y, por tanto, debían ser evitadas. En el mismo sentido se pronunciaría el psicoanalista Otto Gross, cuya biografía es aún más complicada.

Merece la pena ahondar en algunos datos de su vida para comprender la influencia que Gross, Freud y Jung tuvieron en la época. Gross se graduó en Medicina en 1899 y se embarcó en un viaje a Argentina como médico de a bordo del *Kosmos*. En Argentina estableció contacto con grupos anarquistas. Durante el viaje se hizo adicto a las drogas, que usaba, al menos en un principio, para la ampliación del conocimiento. Cuando volvió a Alemania, fue discípulo de Freud y se sumergió en el estudio del psicoanálisis. Sus problemas con la cocaína y la heroína continuaron y encontró en Ascona el lugar perfecto para pasar desapercibido.

Allí recomendó las orgías, el amor libre y la promiscuidad, argumentando que así los hombres y las mujeres se liberaban del sentido de propiedad sobre otro ser humano.

Fue condenado socialmente por dos episodios que lo situaron en el punto de mira. El primero de ellos ocurrió cuando una de las fundadoras de Ascona, Lotte Hattemer, que tenía una grave depresión y deseaba suicidarse, le pidió que le proporcionara un veneno que no le acarreara sufrimiento. Aunque él intentó disuadirla de su idea, cuando comprendió que ella estaba decidida a llevarla a cabo, le dio una sustancia para que pudiera acabar con su vida sin dolor. El segundo caso tuvo lugar unos años más tarde, y también estuvo relacionado con el suicidio de otra mujer, Sophie Benz, lo que dañó aún más la reputación de Gross.

En 1908, después de un congreso de psicoanalistas en Salzburgo en el que participaron Gross, Jung y Freud, este último pidió a Gross que se internara en una clínica, Burghölzli, donde Jung podía tratarle para ayudarle con sus problemas. En una de las sesiones, que duró doce horas seguidas, «intercambiaron roles y Jung, fascinado por Gross, fue psicoanalizado por este, que le transmitió su hostilidad hacia la monogamia. Jung, que pasaba por una profunda crisis, aseguró a Freud que la salud mental de Otto y la suya propia habían mejorado después de las charlas que habían mantenido. Convertido a la poligamia, Jung, que estaba casado con Emma Rauschenstein, se apresuró a tener relaciones sexuales con Sabina Spielrein. Dos años más tarde, ciertos párrafos de sus obras y cartas muestran la influencia de su colega y paciente. Llegó a escribir, por ejemplo, que «si el psicoanálisis tenía una función moral, consistía en transformar a Cristo, con cautela, en el dios adivinador del vino que era, y absorber todos los impulsos extáticos del cristianismo con el único objeto de hacer del culto y del mito sagrado lo que había sido: una fiesta del vino en la que todo hombre podía tener el ethos y la santidad de un animal»[24].

Los certificados de locura firmados por Jung y por Freud durante uno de los internamientos de Gross contribuyeron

24 https://www.lanacion.com.ar/cultura/contracultura-en-monte-verit-nid221774/

al hundimiento de Otto. Su propio padre, Hans Gross, un médico de gran prestigio, consideraba que su hijo era un psicópata, como «lo probaban sus sucesivas internaciones en instituciones mentales, su prédica del amor libre, el anarquismo y la convicción de que su mujer tenía derecho a tener hijos con cualquier hombre que ella eligiera»[25]. Por todo ello, solicitó que la policía de Berlín lo encarcelara en un asilo. Durante su encarcelamiento, Otto escribió una ética en la que afirmaba que la psicología del inconsciente era la filosofía de la revolución y que el psicoanálisis se encargaría de liberar a los hombres, creando un fermento de revolución en la psique.

Pero no solo Gross y Jung atacaron los fundamentos del judaísmo y del cristianismo. El novelista Frank Werfel, por ejemplo, en su novela *Bárbara*, creó el personaje de un médico, el doctor Gebhart, por medio del cual expuso las teorías de Gross. Este personaje afirmaba que el placer es el único criterio de valor y que en los tiempos de Babilonia reinaba el amor y la mujer tenía la misma dignidad que el hombre, pero luego el monoteísmo judío apartó el amor del mundo. Además decía que la Biblia, excepto en el Génesis, había difundido el patriarcalismo.

Otro escritor en el que Gross influyó fue Franz Kafka, que coincidió con él en Praga y había leído sus escritos sobre el psicoanálisis. Kafka se sentía identificado con Gross en

---

[25] https://www.lanacion.com.ar/cultura/contracultura-en-monte-verit-nid221774

la difícil relación que mantenía con su padre, reflejo de la suya propia.

El novelista modernista británico D. H. Lawrence, casado con Frieda von Richthofen —quien antes de su matrimonio con él había pasado una temporada en Ascona y había estado unida a Gross—, también se vio influido por sus ideas. Frieda le dejó leer las cartas que le había escrito Gross, en las que este afirmaba que ella había conseguido liberarse «de la castidad impuesta por la moral, de la cristiandad y de la democracia, y toda esa pila de tonterías»[26]. En la novela de D. H. Lawrence *Mr. Noon* el personaje de Eberhard está inspirado en Otto.

## 2.5. La enorme influencia del satanista Aleister Crowley en escritores, músicos e intelectuales

Aleister Crowley (1875-1947), conocido como «La Bestia 666», fue un ocultista, satanista, alquimista, mago y escritor británico que vivió entre finales del siglo XIX y mediados del siglo XX. Crowley se adelantó a lo que sería la espiritualidad de la Nueva Era, que tanto tiene que ver con la meditación, las canalizaciones, las regresiones, los viajes astrales, el satanismo y una clara relativización del mal. Todo esto lo practicaba Aleister Crowley, a veces de una manera disfrazada y otras de una forma abierta y transgresora. Para Crowley el pecado no existía y la moral era algo subjetivo. Su filosofía se basaba

---

26  *Ibid.*

en no necesitar de nadie, ni siquiera de un ser supremo. Dos de sus lemas eran «Todo el poder está dentro de ti» y «Haz tu voluntad, será toda la ley».

La Nueva Era basa sus doctrinas en que no hay bien ni mal, todo lo vivido es un aprendizaje y lo oscuro también es luz. No habla específicamente de Crowley, pero propugna, como él, el yo como templo, la experiencia como ley y la voluntad como divinidad.

Fue durante su etapa en el Trinity College de Cambridge donde Crowley empezó a alejarse del cristianismo en el que su familia le había educado y a escribir ensayos y poemas eróticos.

En 1898 ingresó en el templo londinense de Isis-Urania, que pertenecía a la Orden Hermética de la Aurora Dorada, y ascendió rápidamente en los grados iniciáticos, enfrentándose a otros miembros como el poeta William Butler Yeats. Esta secta, que rendía culto a Isis, se organizó en torno al manuscrito *Isis sin velo* (1877) de Helena Blavatsky, en el que la ocultista se dirigía a la aristocracia británica para que se organizase en una clase sacerdotal de Isis. En Aurora Dorada, Crowley recibió conocimientos de magia ceremonial.

Más adelante viajó a la India para aprender prácticas budistas e hinduistas. En 1904 estuvo en Egipto, donde escribió *El libro de la ley* que, según dijo, le fue dictado por una entidad sobrenatural.

En 1907 creó la sociedad ocultista llamada Astrum Argentum, A. A., para la que desarrolló lo que él llamaba «iluminismo científico», cuyo lema era: «El método de la ciencia, el objetivo de la religión». En ese lema, si se interpretaba correctamente, decía Crowley que estaba expresado todo.

En 1912 recibió iniciación en otra orden esotérica, la *Ordo Templi Orientis* (OTO), y continuó con sus actividades.

Llegó a fundar una comuna religiosa en Sicilia, de la que el gobierno italiano le expulsó en 1923 por las críticas contra su estilo de vida libertino.

Junto con Frieda Harris, esposa del diputado liberal sir Percy Harris, creó una baraja de tarot, el tarot Toth, en el que fusionaba la magia occidental, el gnosticismo, el budismo tántrico y la psicología freudiana. Así amplió la obra del mago francés Éliphas Lévi, que había fallecido en 1875, el mismo año del nacimiento de Crowley —quien llegó a afirmar que él era la reencarnación de Lévi—.

Hacia 1930 coincidió en Berlín con el escritor Aldous Huxley (1894-1963), autor de la distopía *Un mundo feliz*. Ambos compartían interés por el misticismo y la experimentación con drogas como la mescalina y el hachís para alterar la percepción. Unos años más tarde, en 1938, y según registros de la época, Crowley habría reconocido ante Huxley que la OTO (*Ordo Templi Orientis*) había ayudado a los nazis a alcanzar el poder.

Abro un paréntesis al hilo de esta mención de Huxley y su relación con Crowley para señalar que Huxley, considerado uno de los representantes más notables del pensamiento moderno, era cercano al mundo de la psicología y el misticismo, a los que dedicó varios libros. Al igual que Crowley, recurría a las drogas para «inspirarse» y encontrar la paz espiritual. Así, decía, podía «entrar en un mundo de visiones».

Su abuelo, Thomas Henry Huxley, fue bautizado como «el bulldog de Darwin» por su defensa a ultranza de la teoría de la evolución del científico. Thomas H. Huxley era miembro de la Sociedad Metafísica, creada en 1869 con el objetivo de crear una élite intelectual con unos objetivos definidos. A él se le ha atribuido el término «agnosticismo». En sus conferencias defendía que el hombre no tenía alma. Fue protector de H. G. Wells, autor de *La guerra de los mundos*, y jefe de la inteligencia británica en el extranjero durante la Primera Guerra Mundial.

Wells, con su obra *La conspiración abierta: programa de acción para una revolución mundial*[27] es uno de los precursores de la conspiración de Acuario. Tanto esta obra como *Un mundo feliz* hablan de lo mismo: la destrucción de las soberanías nacionales, la eliminación del estado-nación mediante la destrucción de la filosofía occidental y la implantación de una nueva forma de socialismo, todo ello dirigido por una élite poderosa y sabia.

---

27 Antonio Acho Corona: «Sus otros libros populares como *La máquina del tiempo, La isla del Dr. Moreau,* etc., así como el de sus discípulos Huxley *Un mundo feliz* y el de George Orwell *Rebelión en la granja*, se escribieron como manifiesto de masas para organizar el orden unimundista (hoy llamado globalización)», publicado en: https://laconspiraciondepicis.blogspot.com/2012/03/aldous-huxley-y-el-origen-de-la.html

Wells fue el tutor de Aldous Huxley en Oxford. Tanto Wells como Aldous Huxley pertenecían a los Hijos del Sol, una secta dionisíaca formada por los hijos de los que habían fundado la Mesa Redonda Británica con Cecil Rhodes. Otros iniciados ilustres de los Hijos del Sol fueron el poeta y dramaturgo T. S. Eliot, el poeta y ensayista W. H. Auden, sir Oswald Mosley —fundador de la Unión Británica de Fascistas— y D. H. Lawrence, el amante homosexual de Huxley.

A través de Wells, Huxley fue presentado a Aleister Crowley, quien en 1929 reclutó a ambos para la secta Amanecer Dorado.

Años más tarde, en 1937, Huxley fue enviado a Estados Unidos, donde permaneció hasta el final de la Segunda Guerra Mundial junto con Bertrand Russell (precursor de los movimientos pacifistas y ecologistas). Es un hecho conocido que la obra de Russell *La perspectiva científica* (1931) tuvo una gran influencia en *Un mundo feliz* (1932).

Tras este paréntesis, continúo con Crowley, quien también tuvo una prolífica producción como escritor. Fue autor de ochenta libros, principalmente dedicados a la cábala, el esoterismo, la magia, el yoga, su sistema *MagicK* y la filosofía o religión que él fundó, *Thelema*.

Durante la vida de Crowley, y especialmente después de su muerte, fueron muchas las personas y sociedades que decidieron seguir sus enseñanzas. Entre ellos cabe destacar al director de cine y escritor estadounidense Kenneth Anger; Jimmy Page, guitarrista de Led Zeppelin; el escritor Paulo

Coelho y el cantautor brasileño Raul Seixas, que grabaron *A Lei* (La Ley) y *Sociedade Alternativa*, con ideales thelemitas. Los *Beatles* le incluyeron en la portada de su álbum *Sgt. Pepper's Lonely Hearts Club Band*. El cantante Ozzy Osbourne escribió «Mr. Crowley», incluida en su álbum debut *Blizzard of Ozz*.

Jimmy Page, el guitarrista de Led Zeppelin, coleccionó los libros de Crowley y vivió durante un tiempo en Boleskine House, en las Tierras Altas escocesas, que había sido propiedad de Crowley y luego adquirió él. Además, se dice que realizó un pacto satánico para tener fama y éxito. El uso de símbolos esotéricos y de algunos hechos trágicos en el grupo hacen pensar en una posible influencia demoniaca.

El cantante David Bowie reconoció haber estado inmerso en el ocultismo a raíz de su admiración por Crowley, adentrándose en lecturas de la cábala y la magia ceremonial. Las canciones de su etapa inicial «The Width of a Circle», «Quicksand» y «The Superman» tienen influencias del ocultismo, el misticismo, el budismo y la idea del superhombre de Nietzsche.

Quizá donde más se ha visto reflejada la ascendencia de Crowley es en la Iglesia de Satán, fundada el 30 de abril de 1966 por Anton LaVey (1930-1997), con un ideario completamente satánico. LaVey introdujo la estética satánica en el mundo del espectáculo. La imagen de LaVey fue usada por músicos como Marilyn Manson, quien mantuvo con él una relación cercana durante los años 90 del siglo XX. La iglesia de Satán difunde y exporta música a distintos países en forma de rituales satánicos. Uno de ellos es un álbum llamado *La misa satánica,* cuyo editor es la propia iglesia a través de su sello discográfico, Murgenstrum.

## 2.6. Paul La Cour y la Era de Acuario

Paul La Cour (1871-1954) fue un escritor, esoterista y astrólogo francés, conocido principalmente en los países anglosajones. En 1927 creó la asociación y la revista *Atlantis,* dedicada al esoterismo, y en 1937 publicó *L'Ère du Verseau* («La Era de Acuario»), uno de los textos precursores de la Nueva Era.

Apasionado del ocultismo, denunció el «dominio de los judíos sobre la masonería». En uno de sus libros recogió elementos biográficos sobre un judío alemán influyente en la masonería del siglo XVIII, Adam Weishaupt. Por ese y otros escritos fue acusado de antisemitismo. La primera edición de su obra *La Era de Acuario*, de 1937, contenía un capítulo sobre los judíos y los cristianos en el que decía: «Uno de los grandes acontecimientos de la Era de Acuario debe ser, lógicamente, la reconciliación entre judíos y cristianos. Los primeros cristianos y el propio Jesús eran judíos. [...] Existe identidad entre la revelación judía y la de Cristo». Dicho capítulo no apareció en la segunda edición de la obra, que fue publicada en 1940, estando Francia bajo la ocupación nazi.

Su obra **precede en tres años a la primera mención de la Era de Acuario por Jung** —para quien debería comenzar al final de la Era de Piscis (la Era del Cristianismo)—, mientras que para Le Cour debería comenzar en el año 2160, siendo una época de armonía recuperada, con el regreso de Cristo a la tierra y la conversión de los judíos al cristianismo.

## 2.7. La contracultura de los años 50 y 60

A mediados del siglo XX, los jóvenes europeos y estadounidenses empezaron a cuestionar el capitalismo, el imperialismo, la burguesía y el sistema político y social, adentrándose en las lecturas de Marx y otros autores. Eso supuso un problema para determinados gobiernos, entre ellos el de Estados Unidos. Hubo marchas callejeras y protestas, algunas motivadas por la guerra de Vietnam. Otro foco de tensión para el Gobierno estadounidense fue el movimiento por los derechos civiles de los afroestadounidenses, en contra de la segregación racial y las agresiones policiales. Desde 1955 y hasta su asesinato en Memphis en 1968, su máximo portavoz y líder fue Martin Luther King. Él mismo organizó y participó en muchas actividades pacíficas de protesta y consiguió que se le unieran multitudes de estudiantes y jóvenes de todas las edades. La muerte de King generó aún más protestas y enfrentamientos en las calles.

En ese caldo de cultivo de inquietudes y lucha por las libertades florecieron las protestas que reclamaban una mayor libertad académica y de expresión frente al autoritarismo existente en la educación, dando lugar a diversos movimientos estudiantiles, tales como el Movimiento por la Libertad de Expresión (*Berkeley Free Speech Movement*, 1964) en Estados

Unidos o el conocido como *Mayo del 68* en Francia, por el que los universitarios paralizaron París.

Los estudiantes parisinos protestaban contra el autoritarismo, el capitalismo, el imperialismo y la sociedad de consumo. También contra el gobierno, los partidos políticos y la universidad. Pronto se les unieron los obreros y el Partido Comunista Francés, hasta que finalmente el gobierno de Charles de Gaulle se vio obligado a convocar elecciones anticipadas a finales de junio.

En México fue muy sonada la masacre de Tlatelolco, ocurrida el 2 de octubre de 1968. El Gobierno cargó contra una concentración estudiantil en la Plaza de las Tres Culturas de la Ciudad de México y se produjeron cientos de muertes.

En muchos países, los jóvenes empezaron a buscar alternativas en el arte libre, las comunas y la espiritualidad oriental. Paralelamente, emergió la figura de los antisistema, que amenazaba con hacer tambalear los cimientos de la sociedad. Es entonces cuando —según algunos afirman, pero no es fácil demostrarlo, aunque resulta plausible— desde las altas esferas se elabora un plan estratégico para infiltrar nuevas formas de pensamiento y creencias, recurriendo para ello a nuevas ideologías, con el propósito de despolitizar a los jóvenes y alejarlos de lo que tuviera que ver con el marxismo, que iba tomando protagonismo en el sector universitario.

El origen de ese pensamiento revolucionario que permeaba la sociedad de la época no podía ser otro que el de un país antiimperialista, como lo era la antigua Unión Soviética. La democracia de Estados Unidos y de muchos países occidentales estaba en juego y había que hacer algo. Las opciones para detener el avance del comunismo no contemplaban la represión, como tampoco ningún método que generara caos y desestabilización. ¿Qué se podía hacer?

Se decidió entonces potenciar tres focos de distracción: el ocultismo (ideas esotéricas), las drogas (consumo masivo y libre) y el rock and roll (sonidos novedosos). A simple vista, puede parecer algo conspiranoico o incluso sacado de una película, pero es en este contexto donde los jóvenes comienzan poco a poco a dejar de lado la política y da la impresión de que ya no se preocupan tanto por las ideas marxistas.

De un artículo de la revista *Life* de octubre de 1969 es la frase «sexo, drogas y rock and roll», como lema de un estilo de vida hedonista y rebelde.

## 2.8. Los experimentos con LSD: del proyecto MK Ultra de la CIA al movimiento *hippie*

A principios de la década de 1950, en el contexto de la Guerra Fría, algunos prisioneros de guerra liberados en Corea volvieron a Estados Unidos defendiendo el comunismo. Esto provocó inmediatamente la alarma en las estructuras de inteligencia americanas, que tenían miedo de que los soviéticos y los chinos hubieran desarrollado técnicas de control mental, y de que sus agentes o los prisioneros de guerra pudieran revelar información. Para contrarrestar esta posibilidad, el entonces director de la CIA, Allen Dulles, dio en 1963 la orden de realizar experimentos psiquiátricos en seres humanos en el marco del programa MK Ultra.

Durante casi dos décadas, el programa experimentó con ciudadanos estadounidenses —en la mayoría de los casos, sin que estos lo supieran ni hubieran dado su consentimiento—, causándoles daños irreversibles e incluso la muerte. Utilizando organizaciones pantalla, se establecieron programas con 44 universidades de Estados Unidos, 15 fundaciones de investigación, grandes compañías farmacéuticas —entre las que estaba Sandoz—, 12 hospitales y clínicas y tres cárceles.

El programa estaba subdividido a su vez en cerca de 150 proyectos distintos. Muchos de ellos estudiaban los efectos sobre la conducta humana de todo tipo de sustancias: la marihuana, el LSD, el alcohol, la heroína, las anfetaminas, la morfina... Además, combinaban el consumo de drogas con técnicas de manipulación mental como la hipnosis, los implantes en el cerebro, el electroshock, la tortura, los abusos psicológicos o sexuales y el aislamiento.

Otros proyectos de MK Ultra analizaban el comportamiento humano al margen del uso de sustancias, para investigar si existía la posibilidad de programar la mente durante el sueño a partir del uso de mensajes subliminales. También se estudiaron técnicas para hacer manipulables a las personas a partir del conocido como «lavado de cerebro» (borrado de memoria), para conseguir herramientas en los interrogatorios a través de las cuales se pudiese anular la voluntad o la resistencia de las personas a las confesiones.

Muchos de los participantes involuntarios de los experimentos eran personas con problemas de adicción, gente que vivía en la calle o enfermos mentales internados en psiquiátricos. Asimismo, participaban voluntarios que se reclutaban en el ejército, los hospitales, las universidades, las cárceles, etc., y a los que en algunos casos se llegó a ofrecer una compensación económica, pero sin informarles adecuadamente del verdadero objetivo del experimento.

En un estudio reciente de la Universidad del País Vasco, los investigadores afirmaban que, imbuidos por el contexto político —eclosión de regímenes autoritarios— y social, los estadounidenses desarrollaron una serie de ingenierías (social, del consentimiento, de la conducta) «en las cuales detectamos básicamente la deshumanización del sujeto, siendo este tratado como un ente material o instrumental (de ahí el concepto "ingeniería") más que un ente psicológico. Quizás desde esa perspectiva se pueda comprender cómo el programa MK Ultra fue llevado a cabo durante tantos años»[28].

---

28  «La inteligencia militar norteamericana y el uso ambivalente de la psicología desde una perspectiva histórica: el programa *Handicrafts* (1941) y el proyecto *MK Ultra* (1953)», elaborado por Manuel Sánchez de Miguel, Luis María Iturbide e Izarne Lizaso de la Universidad del País Vasco-Euskal Herriko Unibertsitatea y publicado en 2012, en: https://energycontrol.org/mk-ultra-el-poder-quiere-usar-las-drogas-para-el-control-mental/

Uno de los experimentos más agresivos tuvo lugar en el Allan Memorial Institute de la Universidad McGill, en Montreal (Canadá), cuyo director era el escocés-estadounidense Donald Ewen Cameron, considerado como uno de los psiquiatras más importantes del mundo. Entre 1957 y 1964, Cameron se trasladó semanalmente desde Nueva York hasta Montreal para realizar allí los experimentos del MK Ultra. Lo que no deja de ser irónico es que el doctor Cameron fuera uno de los psiquiatras de la comisión encargada de evaluar a los nazis en los Juicios de Nuremberg, donde se declaró por primera vez el *Código de Nuremberg* para la ética de la investigación en experimentación humana, y donde se condenó a los médicos nazis por realizar experimentos médicos sin el conocimiento de los sujetos.

En 1987, un juez americano, William Brennan, dijo al respecto que la necesidad de proteger a un país no debe eximir al gobierno de su responsabilidad ni de un posible castigo en el caso de que lleve a cabo violaciones graves de los derechos constitucionales: «Los juicios médicos en Nuremberg en 1947 impresionaron profundamente al mundo... La experimentación con seres humanos sin saberlo es inaceptable, tanto moral como legalmente. El Tribunal Militar de Estados Unidos estableció el Código de Nuremberg como un estándar contra el que juzgar a los científicos alemanes que experimentaron con seres humanos. [...] En claro desafío de este principio, los funcionarios de inteligencia militar...

comenzaron subrepticiamente pruebas con materiales químicos y biológicos, como el LSD en seres humanos».

En 1973, el director de la CIA ordenó que todos los archivos del MK ULTRA fueran destruidos, por lo que la mayoría de los documentos de la CIA en relación con el proyecto fueron eliminados.

En diciembre de 1974, el periódico *New York Times* informó de que la CIA había llevado a cabo actividades ilegales dentro de Estados Unidos, incluidos experimentos con ciudadanos estadounidenses, durante la década de 1960. Ese informe provocó investigaciones del Congreso. Años más tarde, la Corte Suprema de Estados Unidos definió así el programa MK Ultra: «[...] la investigación y desarrollo de armas químicas, biológicas, radiológicas y materiales capaces de emplearse en operaciones clandestinas para el control del comportamiento humano, el programa consistió en 149 subproyectos que la agencia contrató a varias universidades, fundaciones dedicadas a la investigación e instituciones similares. Participaron al menos 80 instituciones y 185 investigadores privados. Debido a que la CIA financió MK Ultra indirectamente, muchas de las personas que participaban no sabían que se trataba de la agencia»[29].

¿Acabó la influencia del programa MK Ultra tras su eliminación por orden del Gobierno? Desgraciadamente, no.

---

29 Central Intelligence Agency et al. v. Sims et al.: https://scholar.google.com/scholar_case?q=471+U.S.+159&hl=en&as_sdt=2,33&case=16297847318525168348&scilh=0

Hubo personas que sirvieron de puente, por así decirlo, entre los experimentos de la CIA y la popularización del uso de esas drogas en el resto de la sociedad.

Entre los participantes voluntarios del programa, hubo estudiantes de la Universidad de Stanford a los que se pagó para que tomaran LSD, psilocibina y mescalina y luego informaran de sus experiencias. Uno de esos voluntarios fue Ken Kesey, autor de *Alguien voló sobre el nido del cuco*. La novela está basada en sus vivencias como cobaya humana en Menlo Park a finales de la década de 1950. Así fue como Kesey conoció el LSD, que modificó su percepción de la realidad, tanto social como personalmente. A partir de 1964, él y un grupo de amigos, *The Merry Pranksters* («Los alegres bromistas»), fueron pioneros en la experimentación lúdica y espiritual con LSD y marihuana. Los *Merry Pranksters* recorrieron Estados Unidos a bordo de un autobús pintado de colores fluorescentes al que llamaron *Further* («Más allá»). Durante ese periplo, fueron estableciendo muchos de los elementos retóricos y visuales que después popularizaría el movimiento *hippie*. En esa tarea colaboró con ellos el grupo *Grateful Dead*, que acompañaba con improvisaciones de música psicodélica los llamados *Acid Tests*, que no eran sino sesiones abiertas de consumo de LSD organizadas por Kesey.

Otro de los involucrados en el MK Ultra fue Louis Jolyon «Jolly» West. West era un psiquiatra que trabajaba para la CIA. Si hay alguien de quien se pueda decir que fue capaz de conectar los dos mundos, el ámbito de los experimentos secretos con humanos y los grupos de la Nueva Era, fue precisamente él. Durante años trabajó para la CIA en programas de control mental, experimentando con drogas, hipnosis y creación de falsos recuerdos. Era experto en el uso del LSD y sus consecuencias.

El doctor David E. Smith, que fundó en 1967 en San Francisco la Haight Ashbury Free Medical Clinic para ayudar a los miles de jóvenes que llegaban a la ciudad a tratar sus problemas por el abuso de drogas, autorizó a West, que vivía cerca de la clínica, a reclutar pacientes para sus experimentos. Entre los pacientes que acudían a la Haight Ashbury Free Medical Clinic estaban Charles Manson y algunos miembros de la Familia Manson. Hay investigadores que afirman que los asesinatos perpetrados por los Manson fueron consecuencia del programa MK Ultra, aunque no se ha podido encontrar evidencia de que Manson acudiera específicamente a la consulta de West.

Cuando posteriormente se prohibió el programa MK Ultra, West se hizo experto en sectas y dedicó varias décadas al estudio de las comunidades psicodélicas y sectas como la cienciología. Su conclusión final fue que ese tipo de cultos constituyen un negocio multimillonario basado en la manipulación psicológica.

La búsqueda de herramientas para influir sobre la consciencia no desapareció. En los años 70 y 80 se continuó experimentando con drogas, hipnosis y dinámicas de manipulación. Muchos líderes carismáticos de grupos vinculados a la Nueva Era exploraron de forma práctica cómo doblegar la voluntad ajena, combinando fármacos, presión social, técnicas sugestivas y manipulación emocional para conseguir la obediencia total de sus seguidores.

## 2.9. La popularización del consumo del LSD y otras drogas

El LSD o «ácido» (dietilamida de ácido lisérgico) es una droga alucinógena de gran potencia que causa alucinaciones, tanto sensitivas como visuales y auditivas, en la mente del sujeto. Fue sintetizado en 1938 por el químico Albert Hoffman en Basilea (Suiza). Lo que Hoffman buscaba era un estimulante respiratorio mezclado con *Claviceps purpurea*, un hongo que, en forma de parásito de determinadas especies botánicas, produce alcaloides tóxicos para el ser humano. En 1943, Hoffman lo absorbió accidentalmente y experimentó percepciones alteradas de la realidad. Al cabo de unos días ingirió 250 miligramos, lo que le produjo lo que se conoce comúnmente como «el viaje».

El primero en comercializar el LSD fue el laboratorio Sandoz, que comenzó su distribución entre psiquiatras e investigadores con el nombre comercial de Delysid. Entre 1940 y 1950 se experimentó con esta droga para tratar problemas como el alcoholismo, la depresión, la ansiedad, los trastornos obsesivos y la esquizofrenia. Además, el compuesto fue distribuido en universidades, hospitales y congresos médicos. Y ahí fue cuando la CIA intervino y lo usó en el programa MK Ultra.

En los años 60, el psicólogo Timothy Leary, amigo de Aldous Huxley y profesor de psicolingüística en Harvard, extendió la idea de que el LSD no era una droga en sí, defendiendo su utilidad para ayudar a la **expansión de la conciencia.** En 1966, Leary fundó la Liga para el Descubrimiento Espiritual, una especie de religión donde declaraba que el LSD es como un «santo sacramento». Leary hacía apología de las sustancias psicodélicas porque, según afirmaba, en ellas subyacía la verdadera libertad: «Estas drogas para el cerebro, fabricadas en masa en los laboratorios, traerán grandes cambios a la sociedad. Esto sucederá estemos aquí o no. Lo único que podemos hacer es correr la voz. El único obstáculo de este cambio es la Biblia». Y también decía: «Nos enfrentábamos a la firme idea judeocristiana de que existe un solo Dios, una sola religión y una sola realidad, una idea que para Europa ha supuesto una maldición a lo largo de muchos siglos y para Estados Unidos desde su fundación. **Las drogas que abren la mente a realidades múltiples conducen de modo inevitable a una visión politeísta del universo. Percibimos que había llegado el momento de cambiar las viejas creencias por una religión nueva y humanista, basada en la inteligencia, el pluralismo amable y el paganismo científico»**[30].

Pero Leary no se detuvo ahí y comenzó a mezclar las prácticas hinduistas con las drogas. Aseguró que el cerebro tiene cuatro circuitos que se pueden activar a través de la expansión

---

30  Timothy Leary, *LSD flashbacks. Una autobiografía,* Ediciones Alpha Decay, 2015, p. 71.

de la conciencia, lo que, según él, llevaría al hombre al completo conocimiento de la vida y a descubrir su verdadero poder mental.

Leary es solo un ejemplo de cómo muchos personajes influyentes de la época recurrieron al uso de drogas y otros elementos para alcanzar lo que denominaban el **estado de conciencia plena**, con el fin de llegar a ser sus propios constructores de la realidad.

A partir de ese concepto, artistas como los Beatles, Pink Floyd o Jimi Hendrix, y otros que aparecerán a lo largo del libro, contribuyeron a popularizar el movimiento *hippie* de esos años. De esta forma, el LSD pasó de ser un fármaco de laboratorio a convertirse en una droga de uso masivo, y a erigirse como uno de los símbolos de la contracultura.

El LSD dio paso paulatinamente a otras drogas de diseño que se siguen usando actualmente en todos los estamentos sociales. Es un negocio que genera miles de millones de dólares. Según el Informe Mundial sobre las Drogas de 2025, elaborado por la Oficina de las Naciones Unidas contra la Droga y el Delito (UNODC), entre 60 y 64 millones de personas en el mundo sufren trastornos por consumo de drogas (adicción o dependencia) y unos 300 millones las consumen de manera lúdica.

## 2.10. El Instituto Esalen

El Instituto Esalen, situado en la costa de California, fue fundado en 1962 por dos estudiantes de Stanford, Michael Murphy y Dick Price.

Ambos fueron compañeros en la Universidad de Stanford a fines del decenio del 1940 y principios del decenio de 1950. Se conocieron a través del profesor de Religiones comparadas y Estudios índicos, Frederic Spiegelberg, con quien ambos habían estudiado. En 1961, Murphy y Price idearon la creación de un laboratorio de experimentación de una amplia gama de filosofías, disciplinas religiosas y técnicas psicológicas. Mediante el importante capital de ambos y el apoyo del propio profesor Spiegelberg, Alan Watts, Aldous y Laura Huxley, el Instituto Esalen salió adelante y enseguida pudo tener varios programas distintos funcionando a la vez, convirtiéndose en un punto de encuentro contracultural.

En lugar de impartir y escuchar conferencias, algunos de los líderes y participantes prefirieron experimentar con lo que Huxley denominó las «humanidades no verbales»: la educación del cuerpo, los sentidos y las emociones. Se buscaba tomar conciencia, *awareness*, del **fluir de la experiencia**, poder expresarlo con precisión y obtener *feedback*. Los talleres que se desarrollaron en torno a esas actividades tuvieron una amplia aceptación.

Según palabras de Murphy, era una organización focalizada en el estudio de las capacidades del ser humano. Así definió Murphy sus objetivos: «Esalen Institute existe para promocionar el armónico desarrollo de la persona entera. Es una organización de aprendizaje dedicada a la **exploración continua del potencial humano** y resiste dogmas religiosos, científicos y de otras clases. Promueve la teoría, práctica, investigación y desarrollo institucional para facilitar la transformación tanto personal como social y, para ese fin, patrocina seminarios para el público en general; conferencias por invitación; programas de investigación; residencia para artistas, estudiosos, científicos y educadores religiosos; programas de trabajo-estudio; y proyectos semiautónomos»[31].

El Instituto Esalen pronto se hizo conocido por su fusión de filosofías occidentales y orientales, sus talleres y la gran afluencia de psicólogos, filósofos, artistas y pensadores religiosos. Hacerse miembro del Instituto Esalen permitía adentrarse en todo tipo de prácticas para convertirse en un nuevo hombre. Huxley defendía que, indefectiblemente, todas las religiones compartían una verdad única, y que la vía inicial del despertar o expansión de la conciencia debía darse a través de las drogas, mezclado con experiencias chamánicas, espirituales y ocultistas.

## 2.11. Marilyn Ferguson y *La conspiración de Acuario*

Marilyn Ferguson, socióloga y directora de la revista *Brain/ Mind Bulletin*, fue autora de *La revolución del cerebro* y escribió también el éxito mundial *La conspiración de Acuario* (1989).

En este libro, Ferguson dedica un capítulo a los precursores de la Era de Acuario, «aquellos que habían tejido una visión transformadora basada en la expansión de la

---

31 MICHAEL MURPHY, presidente, Esalen Board of Trustees, «Esalen Institute Statement of Purpose».

conciencia y en la experiencia de la autotrascendencia»[32]. Estos dos elementos —expansión de la conciencia y auto-trascendencia— serán claves en el universo de la Nueva Era. Ferguson menciona al psiquiatra suizo Carl Jung y al psicó-logo americano William James, «quien definió la religión como experiencia, no como dogma, y enseñó que los seres humanos pueden cambiar sus actitudes mentales a fin de convertirse en arquitectos de su propio destino. Jung puso de relieve el carácter trascendente de la conciencia e introdujo la idea del inconsciente colectivo»[33].

En el prólogo a la edición española de la editorial Kairós, Salvador Pániker manifiesta que esta obra «tiene que ver con el **diseño de una cultura nueva**, con una manera nueva de pensar viejos problemas, o sea, y para usar el ya clásico vocablo, con un cambio de paradigma. Es el tema de nues-tro tiempo: la lucha, en todos los frentes, contra la entropía. Queremos lo improbable y asumimos el azar. Queremos ascender en la escala milagrosa de la complejidad, anudar antagonismos antes contradictorios, **interrelacionarlo todo con todo**, cobrar conciencia ecológica, usar lógica cibernéti-ca. Crear novedad. El nuevo paradigma nos habla de la **crea-ción de ese nuevo orden improbable a través de las fluc-tuaciones**, los desórdenes parciales: **una visión del mundo en la que convergen las más recientes adquisiciones de la ciencia y las más antiguas tradiciones místicas.** La llamada

---

32 Consejos Pontificios, *Jesucristo, Portador…*
33 *Ibid.*

*Conspiración de Acuario* agrupa a millones de personas que, de manera invisible, están cambiando la sociedad a través de la **expansión de su propio potencial humano** y desde una actitud de **perpetua exploración.** La autora del presente libro invita a cada lector a que pase a engrosar el **grupo de los *conspiradores***, transmitiendo la información y la energía indispensables para sobrevivir en una época de aceleración sin precedentes»[34].

En el libro, Ferguson hace apología del orientalismo y afirma categóricamente que el viaje a través de lo místico, con el uso de drogas para conseguir un estado alterado de conciencia, redunda en un **camino superlativo de la conciencia** y abre una vía de iluminación, aunque esta no sea eterna: «Para mucha gente en las diversas culturas, **las drogas psicodélicas han supuesto una vía inicial**, si no ya tanto un sendero, hacia la transformación total. Aldous Huxley, que no se hacía ilusiones sobre las drogas en cuanto a vías permanentes de iluminación, afirmaba que una **experiencia de autotrascendencia**, incluso meramente temporal, sería suficiente para sacudir a toda la sociedad hasta las raíces de su racionalidad». Y también: «Aunque estas nuevas formas de alterar la mente pueden causar al principio cierta perplejidad, a la larga tenderán a profundizar la vida espiritual de las comunidades»[35].

---

34 https://www.editorialkairos.com/catalogo/p/la-conspiracion-de-acuario
35 Marilyn Ferguson, *La Conspiración de Acuario*, editorial América Ibérica, 1994, p. 122.

Ferguson ataca frontalmente la visión del Dios cristiano: «A Dios se le experimenta como flujo, como totalidad, como infinito caleidoscopio de la vida y de la muerte, como Última Causa, fundamento del ser».

Solo en este párrafo encontramos ya una valiosa información sobre cómo se desvirtúa el concepto y el propósito cristiano:

1. «A Dios se le experimenta como flujo». Esta es una visión orientalista del taoísmo o el hinduismo, donde lo divino no está separado de nada, es el movimiento de todo lo que existe.

2. «Como totalidad». Es un concepto íntegramente panteísta. Todo es dios y está integrado en lo existente.

3. «Como Última Causa, fundamento del ser». Concepto incompleto, ya que Dios es origen y fin, alfa y omega. Venimos de Él y a Él vamos. Ferguson obvia el concepto del fin último.

El libro, publicado en los años 80, superó el medio millón de ejemplares vendidos y ha sido traducido a diez idiomas. Es uno de los libros clave para entender el movimiento de la Nueva Era.

De acuerdo con la astrología —que, recordemos, no está considerada como una ciencia, sino como una pseudociencia—, la humanidad ha atravesado diversas fases astrológicas que han determinado el desarrollo de los acontecimientos. Esta teoría se fundamenta en la premisa de que, aproximadamente cada 2160 años, se producen cambios en los astros y posicionamientos que dan lugar a las diferentes épocas astrológicas.

La primera Era fue la de Tauro, desde el 4304 al 2154 a.c., relacionada con la cultura y el poder egipcio. Después vendría la Era de Aries, entre el 2154 a.c. y el año 0, el tiempo de la creciente influencia de la religión judía. Después, la Era de Piscis, desde cerca del año 0 hasta el año 2022 d. C. La Era de Piscis se ubica en la era cristiana y es la época de las religiones monoteístas. Se asocia con Piscis, que a su vez se relaciona con el pez de los cristianos primitivos, aunque de manera equivocada[36].

Algunos astrólogos proclaman que la humanidad habría entrado en la Era de Acuario el 7 de febrero de 2022, aunque otros piensan que el cambio de era tuvo lugar a mediados del siglo XX. Según todos ellos, antes de la Era de Acuario ha habido diferentes etapas, caracterizadas por la oscuridad y el desconocimiento.

Los promotores de la Era de Acuario afirman que los últimos veinte siglos, desde el nacimiento de Jesucristo hasta ahora, han sido un tiempo de confusión y de falta de

---

36 El pez fue un símbolo utilizado por los primeros cristianos y la palabra en griego es *Ichthys* (ἰχθύς), cuyo acrónimo se traduce como *Iesous Christós Theou Yios Soter* (Jesucristo, Hijo de Dios, Salvador). El pez se utilizó como método de identificación entre los primeros cristianos que sufrían la muerte y persecuciones por su fe. Este símbolo les ayudó a identificarse y a saber dónde podían reunirse de forma segura. En el tercer siglo, la representación del pez era considerada como un emblema de Cristo.

conocimiento espiritual. De acuerdo con su filosofía, los elementos constitutivos de la Era de Piscis han sido el caos, la oscuridad, la destrucción y la muerte. Todo ello ha impedido que el ser humano acceda al conocimiento y a la verdad, lo que le ha generado un vacío espiritual y una falta de conciencia de sí mismo. Por eso, hasta ahora no se ha podido identificar el camino para alcanzar el verdadero despertar espiritual. Pero la llegada de la Era de Acuario conducirá al ser humano a la verdad y permitirá el cambio que la humanidad necesita para alcanzar la felicidad y la plenitud.

## 2.12. El ocultismo en la cultura

En los años 60 y 70 proliferaron las bandas de rock que utilizaban simbología satánica, como Led Zeppelin o Black Sabbath (incluso hay alguna sospecha sin confirmar que indica que esta última y otros grupos de rock como los Rolling Stones pudieron realizar pactos satánicos).

Las alternativas espirituales en contra del cristianismo crecieron en un 70% solo en Estados Unidos. Prácticas como la astrología, el yoga, el mediumnismo, la brujería y las artes adivinatorias adquirieron un protagonismo sin precedentes.

En los siguientes capítulos nos adentraremos en las prácticas que se extendieron a partir de ese momento y en el papel que la música desempeñó como plataforma de difusión de contenido esotérico, ocultista o directamente satánico.

# CAPÍTULO 3

# Algunas prácticas de la Nueva Era y su significado

En primer lugar, y antes de entrar en detalle en cada una de las prácticas, vamos a acudir al libro del Deuteronomio, que es sumamente explícito acerca de lo que el Señor dice de ellas: «**No haya entre los tuyos quien haga pasar a su hijo o su hija por el fuego; ni vaticinadores, ni astrólogos, ni agoreros, ni hechiceros, ni encantadores, ni espiritistas, ni adivinos, ni nigromantes**; porque **el que practica eso es abominable para el Señor. Y, por esas abominaciones, los va a desposeer el Señor, tu Dios,** delante de ti. Sé íntegro con el Señor, tu Dios. Esas naciones que tú vas a desposeer escuchan a astrólogos y vaticinadores; pero **a ti no te lo permite el Señor, tu Dios.** [...] **Y el profeta que tenga la arrogancia de decir en mi nombre lo que yo no le haya mandado, o hable en nombre de dioses extranjeros, ese profeta morirá". Y si dices en tu corazón: "¿Cómo reconoceré una palabra que no ha dicho el Señor?".** Cuando un profeta hable en nombre del Señor y no suceda ni se cumpla su palabra, es una palabra que no ha dicho el Señor: ese profeta habla por arrogancia, no le tengas miedo»[37].

En este texto del Deuteronomio Dios es claro: «**A ti no te lo permite el Señor, tu Dios**»[38]. En realidad, Dios está protegiendo al hombre para que no recurra al mal y para que no peque de nuevo en su intento de querer ser como Dios, como hicieron Adán y Eva tras ser tentados por la serpiente.

En segundo lugar, es importante ser conscientes de que, si una persona se adentra en el ocultismo o en alguna práctica sospechosamente esotérica, es posible que el mal se revele de una manera no común —preternatural[39]—, con unas consecuencias insospechadas. No es lo mismo que una persona sufra un accidente debido a un error humano a que le sucedan contratiempos extraños impregnados de una fenomenología recurrente que se sale completamente de lo habitual. No se trata de obsesionarse, pero sí de estar alerta sobre determinadas cosas.

En tercer lugar, y en el caso de que ocurra un mal que se manifiesta de manera preternatural (ya sea como consecuencia de haber realizado una invocación, o de manera accidental porque no se sabía que alguna práctica podía ocasionar

---

37  Dt 18, 10-14; 19-22.
38  Dt 18,14.
39  Se utiliza el término «preternatural» para referirse a fenómenos que van más allá del obrar de la naturaleza del mundo material. En el cristianismo, se utiliza para referirse a cierto tipo de fenómenos o manifestaciones que proceden del demonio, por contraposición a lo sobrenatural, que procede de Dios.

una presencia maligna, o porque se haya recurrido a rituales de brujería o pactos satánicos), es necesario acudir a sacerdotes y expertos de la Iglesia católica, precisamente por las argucias que emplea el demonio para confundir.

Tengamos en cuenta que, desde que surgió la Nueva Era, en muchos entornos al mal se le denomina «aprendizaje», «proceso», «energía pesada» e incluso «bloqueo energético». En este nuevo paradigma, el mal es considerado como algo que sucede y que se remedia con una determinada práctica que ayuda a contrarrestar el bloqueo. Para la Nueva Era no existen el mal ni la perversidad como tales, nada es realmente injusto y nadie es responsable del mal.

En cuarto lugar, en muchas de las prácticas de la Nueva Era, cuando se trata de elevar la conciencia y dar lugar a una **anulación del yo**, la conciencia se adormece, por lo que es casi imposible detectar dónde está el peligro y, en consecuencia, el propio mal. **El discernimiento queda anulado, el juicio no tiene cabida.** Por lo tanto, no hay una identificación de lo bueno ni de lo malo. ¿Cuál es la consecuencia? Que si el mal no existe, no hay de qué protegerse ni contra qué luchar.

En la Biblia, el mal tiene un nombre: Satanás. Satanás es el diablo, la personificación del mal, el ángel caído expulsado del cielo. En el Nuevo Testamento, la palabra «Satanás» aparece 38 veces; la palabra «diablo», 33; y el término «demonio», 62 veces, lo que atestigua que la lucha entre el bien y el mal es continua en la obra de redención. Jesucristo habla del mal con nombre propio en distintos pasajes del Nuevo Testamento. Y antes de sufrir la pasión, cuando Jesús es arrestado en el huerto de Getsemaní, relaciona el mal con las tinieblas y la oscuridad: «Estando a diario en el templo con vosotros, no me prendisteis. Pero esta es vuestra hora y la del poder de las tinieblas»[40].

La Nueva Era promete el despertar y la luz, pero no reconoce que existe el mal. El peligro es que, cuando el mal no posee identidad y no se señala con contundencia, actúa con mayor facilidad para alterar la realidad del individuo.

Al poner de manifiesto que la mayoría de las prácticas de la Nueva Era no reconocen que haya ningún mal, es importante señalar que, por lo general, las influencias diabólicas y las posesiones son ocasionadas por haber practicado al menos una de las disciplinas ocultistas, lo que no quiere decir que se haya hecho teniendo un conocimiento profundo de ellas.

Pasemos ahora a ver en qué consisten esas disciplinas ocultistas.

### 3.1. Esoterismo y ocultismo

Primero explicaremos la diferencia entre lo esotérico y el ocultismo porque, aunque tienen relación, cada acepción tiene un origen y un significado distinto.

---

40 Lc 23,51. La expresión «las tinieblas» aparece más de 80 veces en la Biblia para representar el pecado, la ausencia de Dios o la ignorancia.

La palabra «esotérico» proviene del griego ἐσωτερικός (*esôterikós*, «interior, reservado para los de dentro»). Viene de ἔσω (esô) = «hacia dentro»), y se usa para referirse al conocimiento interno simbólico, filosófico, místico. En la antigua Grecia, se utilizaba para referirse al conocimiento secreto al que solo algunos iniciados tenían acceso, en contraposición al término *exotérico*, que se refería a los textos que eran de índole pública. Lo esotérico tiene que ver con el conocimiento reservado, con lo simbólico. Ejemplos de esoterismo son la teosofía, la alquimia, la cábala, el hermetismo y el gnosticismo. El esoterismo tiene que ver con la **filosofía interna**.

La palabra «ocultismo» viene de *occultus* («oculto, secreto») y se refiere a los saberes y prácticas que buscan influir en el mundo físico a través de medios no convencionales. Ejemplos de esoterismo son la adivinación, la astrología, la hechicería, la magia ceremonial y el espiritismo. El ocultismo tiene que ver con **la práctica de lo invisible y lo paranormal.** Pretende desentrañar aquello que no está revelado y ahondar en el conocimiento de lo espiritual y lo parapsicológico.

Para muchas personas, lo oculto es atractivo porque está rodeado de misterio y porque los que lo promueven aseguran que da respuestas a aquello que de otro modo no podríamos saber. Las prácticas ocultistas se han vuelto algo común: astrología, tarot, numerología, alquimia, magia negra, oráculos y rituales, brujería, pactos satánicos... Lo que muchos no saben es que todo eso no es un juego inocuo y puede resultar muy peligroso.

El documento *Jesucristo, Portador del Agua de la Vida* al que vengo refiriéndome condensa bien la diferencia y la complementariedad entre esoterismo y ocultismo, afirmando que el esoterismo es la búsqueda de conocimiento, y que la magia y ocultismo es un medio para obtener poder. Afirma también que algunos grupos pueden ser a la vez esotéricos y ocultistas. Pero, añade, **«en el centro del ocultismo hay una voluntad de poder basada en el sueño de volverse divino.** Las técnicas de **expansión de la mente** tienen por objeto revelar a las personas su poder divino. Utilizando ese poder, preparan el camino para la Era de la Iluminación. **Esta exaltación de la humanidad, cuya forma extrema es el satanismo**, subvierte la correcta relación entre el Creador y la criatura. **Satán se convierte en el símbolo de una rebelión contra las convenciones y las reglas**, símbolo que con frecuencia adopta formas agresivas, egoístas y violentas. Algunos grupos evangélicos han manifestado su preocupación por la presencia subliminal de lo que consideran simbolismo satánico en algunas variedades de música rock, que ejercen una profunda influencia en los jóvenes[41]. En cualquier caso, dista mucho del mensaje de paz y armonía que se encuentra en el Nuevo Testamento y con frecuencia es una de las consecuencias de la exaltación de la humanidad cuando implica la **negación de un Dios trascendente»**[42].

---

41 Abordaremos el tema del ocultismo y la música en otro capítulo.
42 Consejos Pontificios, *Jesucristo, Portador…*

Queda claro que estas prácticas no son inocuas, aunque haya mucha gente que no lo sepa. Pero quienes lo alentaron en los años 60 sí sabían de antemano en qué terreno se estaban metiendo. Su propósito era cambiar las creencias y comportamientos relacionados con la percepción de la realidad, la memoria y la voluntad, una forma de transformación interna que no tenía nada que ver con lo religioso, pero sí con la conducta y la propia mente. Una vez más, el objetivo era definir al ser humano como único dios y artífice de su propia realidad a través de prácticas ocultistas.

Monseñor Raffaello Martinelli (nacido en 1948), es un teólogo católico, escritor italiano y obispo emérito de Frascati, Italia (2009-2023), que desempeñó funciones importantes en la Congregación para la Doctrina de la Fe con el papa Benedicto XVI. Preguntado por diversas cuestiones acerca de la magia y el espiritismo, supo dar respuestas claras y basadas en el Magisterio de la Iglesia. Es por ello que quiero recurrir aquí a sus palabras para aclarar algunos conceptos[43]. Según monseñor Martinelli, una de las claves que automáticamente excluyen el ocultismo y sus prácticas de todo planteamiento católico de la existencia y de la fe es el siguiente: «La fe cristiana resulta adulterada, en cuanto es ofuscado el Señorío del Único Señor, que se ha revelado a su pueblo, la omnipotencia de Dios, se la vacía de hecho, poniéndole al lado criaturas

---

43 Todas las citas de Monseñor Raffaello Martinelli pueden encontrarse en el artículo «Magia, espiritismo… ¿por qué son inaceptables?», publicado por *Catholic.net*: https://es.catholic.net/op/articulos/57960/cat/1126/magia-espiritismo-por-que-son-inaceptables.html

y "poderes" que toman su puesto y se ponen en alternativa a Él (CEC, 9)». Por tanto, **«no es posible recurrir a ningún tipo de estas "soluciones"»**. Además, continúa, «todo esto constituye una desviación del sentido religioso y un intento de ocupar el lugar de Dios ejerciendo la propia voluntad de dominio y poder sobre los eventos, sobre la naturaleza y el prójimo, en vez de asumir en la oración una actitud de petición humilde y de súplica. Parece resonar aquí la antigua voz de la serpiente que dijo a nuestros primeros padres: "Seréis como Dios" (Gén 3,5)».

### 3.2. ¿Qué prácticas de la Nueva Era están relacionadas con el esoterismo o el ocultismo?

Como son muchas y muy variadas, en este libro no podremos abarcarlas todas, aunque intentaremos ofrecer un abanico lo más amplio posible. Monseñor Martinelli incluye las siguientes:

> — las múltiples *formas de superstición* que consisten en atribuir una indebida importancia y casi mágica a ciertas prácticas u objetos (amuletos, consultaciones de los horóscopos, astrología, lectura de las cartas, números de la buena o de la mala suerte);

> — las *prácticas de brujería*, *de satanismo*, de *previsiones astrológicas*, realizadas por curanderos, videntes, médiums, adivinos…, con las cuales pretenden aliarse a las fuerzas ocultas y plegarlas al propio servicio o al

de los otros, para obtener poderes especiales, *sea para el bien* (afectos, negocios, salud), como *para el mal* (mal de ojo, trabajos, maleficios, misas negras...);

— las diversas creencias como la *reencarnación*, el *relativismo*, el *sincretismo*, el *esoterismo*, el *espiritismo* en sus diferentes formas (es decir, el recurso a los espíritus de los muertos para entrar en contacto con ellos y desvelar el futuro o algún aspecto del mismo; presuntos contactos con los difuntos por medio de ritos o técnicas; sesiones espiritistas, de médiums, escritura automática, magnetófono...);

— ciertas experiencias y técnicas psicofísicas de concentración, de curación, que de por sí no presentan verdades a creer (ej. reiki), sino que en realidad insinúan una determinada visión del hombre y del mundo (karma, reencarnación) no conformes a la revelación de Jesucristo;

— la vasta galaxia que comprende los diversos fenómenos de viejos y nuevos movimientos religiosos, que a veces, en el lenguaje común, son llamados comúnmente con el nombre de *sectas*;

— una larga serie de otras actitudes (con frecuencia sacadas de las *tradiciones filosóficas y religiosas orientales*) que se encuentran en personas que, aun no teniendo intención de adherirse a esos movimientos religiosos, hacen propios ciertos elementos cognoscitivos o prácticas que contradicen la fe cristiana;

— las varias formas de magia[44].

### 3.3. Experiencias extracorporales: viajes astrales y proyección de la conciencia

En el primer capítulo del libro, donde narro mis vivencias con distintas técnicas de la Nueva Era, he explicado lo que me ocurrió en una ocasión con una experiencia de un viaje astral y la angustia que me produjo, llegando a sentir que me iba a morir.

Uno de los promotores de este tipo de fenómenos fue Robert Monroe, director del famoso Instituto Monroe[45], quien en su libro *Viajes fuera del cuerpo* afirmaba que tuvo una experiencia extracorporal a través de los sonidos escuchados en una cinta de casette.

Los viajes fuera del cuerpo no son otra cosa que viajes astrales, donde aparentemente el alma se desprende y puede viajar en el tiempo y el espacio, atravesar paredes e ir por el universo sin ningún tipo de obstáculo. Para dominar esta técnica se necesita una preparación previa.

---

44 MONS. RAFFAELLO MARTINELLI, en: https://es.catholic.net/op/articulos/57960/cat/1126/magia-espiritismo-por-que-son-inaceptables.html#google_vignette

45 El Instituto Monroe tiene su sede en Virginia (Estados Unidos) y lleva 30 años dedicado a la divulgación, educación e investigación de la conciencia humana, especialmente a las experiencias fuera del cuerpo.

Durante el viaje astral se entra en una especie de trance, desprendiéndose el individuo del espíritu para abarcar lo físico y lo inmaterial. Monroe asocia esta experiencia a un don que viene directamente de Dios y afirma en su libro lo siguiente: «En la Iglesia católica se encuentran muchos testimonios de santos y otras personalidades religiosas que han tenido este tipo de experiencias, en ocasiones por su propia voluntad. Incluso en el protestantismo hay devotos que relatan haber tenido experiencias fuera del cuerpo en el transcurso de ciertas formas de éxtasis religioso»[46]. Monroe relaciona una práctica ocultista con el éxtasis experimentado por algunos santos, alegando que el alma de estos se desprende para hacer un viaje y tener una experiencia espiritual, basado en el argumento de que tenemos un segundo cuerpo que viaja para ver más allá de los propios sentidos. Esto sucedería en muchas religiones y cualquier persona podría hacerlo a voluntad, o inconscientemente durante el sueño. Pero no hay que olvidar que es Dios quien permite estas experiencias, no como viajes astrales, sino como una vivencia mística —como sucedía en santa Teresa de Jesús o el Padre Pío, por ejemplo— relacionada con otro tipo de hechos comprobados, como la bilocación, que no tiene en absoluto nada que ver con un viaje astral.

Las experiencias extracorporales son subjetivas y pueden estar provocadas por sugestiones, miedos, por la propia

---

46 ROBERT MONROE, *Viajes fuera del cuerpo: la expansión de la conciencia más allá de la materia*, Ediciones Palmyra, Madrid, 2008, pp. 15-16.

inestabilidad del sueño o por el consumo de alguna sustancia. Por lo general, este tipo de fenómenos se asocia a grupos e ideologías sectarias, a la práctica de la ouija o a sesiones de espiritismo.

### 3.4. La adivinación

No es posible saber el futuro con certeza porque eso solo lo sabe Dios, pero a veces, quienes recurren a ciertas prácticas, pueden obtener respuestas a determinados acontecimientos venideros. Lo que sucede es que muchos acuden a adivinadores y a espiritistas convencidos de que obtendrán un beneficio, y no un mal. No creen que haya consecuencias tras practicar el espiritismo, la brujería u otras ciencias ocultas. Piensan que eso pasa solo en las películas. Pero la realidad de casos comprobados por la propia Iglesia católica, e incluso por pastores protestantes, deja entrever que, si se toca una puerta relacionada con el ocultismo, es posible que esta se abra y se produzcan resultados inquietantes.

El Catecismo de la Iglesia Católica se pronuncia específicamente sobre el recurso a la adivinación en los puntos 2115 y 2116:

—**2115**: «Dios puede revelar el porvenir a sus profetas o a otros santos. Sin embargo, la actitud cristiana justa consiste en ponerse con confianza en las manos de la Providencia en lo que se refiere al futuro y en abandonar toda curiosidad malsana al respecto. La imprevisión puede constituir una falta de responsabilidad».

—**2116**: «**Todas las formas de adivinación deben rechazarse:** recurso a Satán o a los demonios, evocación de los muertos y otras prácticas que equivocadamente se supone "desvelan" el porvenir (cf. Dt 18,10; Jr 29,8). La consulta de horóscopos, la astrología, la quiromancia, la interpretación de presagios y de suertes, los fenómenos de visión, el recurso a "médiums" encierran una voluntad de poder sobre el tiempo, la historia y, finalmente, los hombres, a la vez que un deseo de conciliarse los poderes ocultos. Están en contradicción con el honor y el respeto, mezclados de temor amoroso, que **debemos solamente a Dios**».

## 3.5. La brujería

La **brujería** es el conjunto de creencias, conocimientos prácticos y actividades atribuido a las brujas o brujos, personas supuestamente dotadas de ciertas habilidades mágicas. Desde el siglo XX, el término «brujería» ha sido reivindicado por sectas ocultistas y religiones neopaganas para designar a todos aquellos que practican cierto tipo de magia, ya sea negra o blanca. La brujería se considera una forma de espiritismo.

Según el antropólogo español Carmelo Lisón, y en eso coinciden otros autores, la bruja hace un pacto con Satán, renuncia a su fe y rinde culto al diablo. «La fuente del poder oculto no es ahora la fuerza de la palabra ni la invocación al diablo ni la ceremonia mágica, sino que aquella proviene de la adoración personal y voluntaria al demonio por parte de la bruja hereje y apóstata; su poder es vicario pero diabólico, adquirido a través de pacto explícito, personal y directo con el mismísimo Satán en conciliábulo nocturno y destructor que anuncia el aquelarre»[47].

En contra de lo que se cree, a veces no hace falta hacer grandes cosas para abrir una puerta al mal. Pongo un ejemplo: las maldiciones. La maldición encaja dentro de la brujería como un mal hecho exprofeso para causar daño, ya sea físico, espiritual o de orden psicológico. En la brujería existen patrones para ejercer un maleficio contra personas. El rezar a una persona bajo la influencia demoniaca significa ejercer un maleficio a través del propio Satanás. Conjurar una foto, aplicando sobre ella toda clase de rezos, a través del tabaco, por ejemplo, y usando invocaciones, clavando alfileres, y congelarla en un frigorífico, tiene un significado y puede tener consecuencias negativas. El que surta efecto depende de distintas variables, como que la persona que realiza el ritual tenga verdaderos atributos espirituales y no sea un charlatán, y que el propio demonio quiera hacerlo. Pero el hecho de realizar algo así no es un juego y entra dentro de lo pecaminoso y de un orden espiritual oscuro. E incluso aunque no se consiga el objetivo inicial, puede dejar una huella en quien se presta a ello y en quien quiere realizar el mal.

---

47 CARMELO LISÓN TOLOSANA, *Las brujas en la historia de España*, Madrid, Temas de Hoy, 1992, pp. 112-113.

En los años 80 hubo un caso muy sonado en Colombia relacionado con la brujería. Una mujer, cuyo nombre ficticio era Amanda Londoño, era muy conocida por su prestigio y su forma de trabajar. La clase VIP acudía a ella para realizar diversos rituales con el fin de obtener protección, y también para realizar pactos satánicos. Ella misma reconoció que entró en la brujería a través del horóscopo y de la lectura de cartas, del tabaco y de los posos del café. Siendo niña, predijo la muerte de un hombre que, efectivamente, murió a los pocos días.

Entre sus clientes había políticos, narcotraficantes y personas influyentes que hacían rituales satánicos para mantenerse en el poder y ser intocables. Hacían amarres y enterramientos, según sus palabras, «sin ningún tipo de pudor ni moral».

Después de muchos años metida en ese mundo de oscuridad, conoció a una monja llamada sor Alicia. Le contó que hacía brujería y sor Alicia le sugirió que rezara el rosario. Aquella noche, en su casa los cuadros cambiaron de lugar sin explicación, y comenzó a sentir mucha intranquilidad. Cuando volvió a ver a sor Alicia, ambas rezaron juntas. De repente, Amanda empezó a escupir pequeños gusanos. Después, fueron apareciéndole distintos síntomas: picor en todo el cuerpo como si tuviera alfileres clavados, desasosiego e insomnio. No podía apenas comer ni tampoco hablar, y escuchaba una voz insistente que le decía: «Mátate».

Sor Alicia la llevó a ver a un obispo, Monseñor Alfonso Uribe Jaramillo. A Amanda se le practicó un primer exorcismo para liberarla y escupió alfileres y gusanos. Durante otro de los exorcismos, atacó a uno de los sacerdotes porque escuchó una voz que le ordenaba que le matara. Finalmente, pudo ser liberada después de arrepentirse y rechazar toda obra del maligno.

Hoy es una mujer renovada, alejada del foco mediático y del ocultismo, y de toda relación con su vida anterior. Es una mujer comprometida con la fe y da charlas para alertar del peligro del ocultismo, advirtiendo que, aunque hay mucha ignorancia, los brujos de verdad sí saben lo que hacen, pero lo disfrazan como si fuera una obra de Dios. Y ha llegado a la conclusión de que «todo lo que se consigue a través del mal, así como llega, se va».

De nuevo, es el Catecismo de la Iglesia Católica el que nos ofrece la pauta para saber cómo comportarse en caso de duda ante cualquier tipo de brujería:

—2117: «Todas las prácticas de magia o de hechicería mediante las que se pretende domesticar las potencias ocultas para ponerlas a su servicio y obtener un poder sobrenatural sobre el prójimo —aunque sea para procurar la salud—, son gravemente contrarias a la virtud de la religión. Estas prácticas son más condenables aún cuando van acompañadas de una intención de dañar a otro o recurren a la intervención de los demonios. El llevar amuletos es también reprensible. El espiritismo implica con frecuencia prácticas adivinatorias o mágicas. Por eso la Iglesia advierte a los fieles que se guarden de él. El recurso a las medicinas llamadas tradicionales no legitima ni la invocación de las potencias malignas, ni la explotación de la credulidad del prójimo».

### 3.6. El espiritismo y el contacto con los muertos

En el Antiguo Testamento encontramos un pasaje donde Saúl recurre a una nigromante (médium) para que invoque a Samuel, ya que no sabe cómo actuar en la guerra contra los filisteos: «Cuando Saúl vio el campamento filisteo, tuvo miedo y el pánico se apoderó de él. Consultó al Señor, pero no le respondió ni en sueños ni por los *urim* ni por los profetas. Entonces Saúl ordenó a sus servidores: "Buscadme una nigromante, para ir y consultar por medio de ella". Sus servidores le respondieron: "En Endor hay una nigromante". Saúl se disfrazó cambiándose de ropas, se puso en camino con dos hombres y llegaron de noche adonde vivía la mujer. Saúl le pidió: "Pon en práctica tu arte de adivinar y evócame al que yo te ordene". La mujer respondió: "Bien sabes lo que ha hecho Saúl, que ha suprimido del país a los nigromantes y adivinos. ¿Por qué quieres tenderme una trampa para que muera?". Saúl le juró por el Señor: "Vive el Señor, que no te sobrevendrá ninguna culpa por esto". La mujer preguntó: "¿A quién he de evocar?". Respondió: "A Samuel". Cuando la mujer vio a Samuel, lanzó un grito. Y dijo a Saúl: "¿Por qué me has engañado? Tú eres Saúl". El rey le dijo: "No temas. Pero ¿qué estás viendo?". La mujer respondió: "Veo un espectro que surge de la tierra". Él le preguntó: "¿Cuál es su aspecto?". Respondió: "Un hombre anciano que sube envuelto en un manto". Saúl comprendió que era Samuel»[48].

Saúl pidió a la nigromante que invocase el espíritu de Samuel porque no sabía qué hacer. Quería asomarse al futuro para decidir. Su falta de fe y su oposición a lo mandado por Dios le llevaron a realizar una sesión de espiritismo. Los resultados no fueron los esperados y el reino recayó en David, y no en Saúl, como era su propósito.

Este ejemplo ocurrido en la antigüedad tiene su reflejo también en nuestra época. Hay personas que desean saber más allá de lo que está permitido y acuden a médiums. Los métodos para contactar con el plano espiritual de los muertos son variados, pero lo primero que hay que tener en cuenta es que los muertos no vuelven al plano terrenal. Dice el libro del Eclesiastés: «Ya se acabaron sus amores, odios y pasiones; jamás tomarán parte en lo que se hace bajo el sol»[49]. Cuando dice que jamás tomarán parte en lo que se hace bajo el sol, se refiere al plano de los seres humanos, de la carne.

Después de la muerte, el espíritu habita en la presencia de Dios, si se ha salvado, o sufre en el infierno para siempre. Y la carne vuelve al polvo, en espera de la resurrección final. Por lo tanto, la comunicación con el mundo espiritual

---

48  1 de Samuel 2, 3-14.
49  Ecl 9, 6.

fuera de este plano estaría enmarcada en algo sobrenatural (es el caso de las apariciones de santos, de la Virgen María o del Señor, que en circunstancias extraordinarias se manifiestan a los hombres) o preternatural (cuando procede del demonio). Los intermediarios o médiums, a los que por lo general se considera personas capaces de contactar con el espíritu de los muertos, en realidad están contactando con entidades demoniacas.

Cuando se habla en este contexto del contacto con los muertos, a veces se usan engañosamente otros nombres para referirse a ellos: ángeles, espíritus de la naturaleza, maestros ascendidos, extraterrestres, seres de luz, yo superior... De esta manera, se edulcora el mal y se presenta como algo más atractivo para aquellos que desean saber más sobre sus seres queridos fallecidos o sobre el futuro. Pero no pensemos que solo caen personas con pocos conocimientos, porque muchas veces es al revés.

Y aquí me detengo un instante para señalar que, dentro del ámbito político, hay evidencias de personas que hicieron uso del espiritismo con distintos fines. Por ejemplo, hay documentos que avalan que Mary Todd, la esposa del presidente Abraham Lincoln, organizaba sesiones de espiritismo en la Casa Blanca para contactar con el espíritu de Willie, el tercero de los hijos del matrimonio, que había fallecido a los 11 años de edad, víctima de la fiebre tifoidea. Abraham Lincoln asistió a varias de esas sesiones, aunque no estaba involucrado de la misma forma que su mujer.

El presidente Ronald Reagan y su esposa Nancy contaban con la asesoría de Joan Quigley, una astróloga que, según se dice, llegó a condicionar la agenda presidencial. Un asesor de Reagan afirmó posteriormente que «virtualmente todo gran acontecimiento y medida de mis tiempos como jefe de gabinete de la Casa Blanca era consultado previamente con una mujer en San Francisco que levantaba horóscopos y se aseguraba de que los planetas estaban alineados favorablemente para el asunto». La propia Quigley publicó un libro titulado *Mis siete años como astróloga de Nancy y Ronald Reagan*, donde afirmaba que algunos habían exagerado su capacidad de influencia, pero reconociendo que tenía acceso directo al presidente y su mujer.

El presidente francés François Mitterrand recibía en el Palacio del Elíseo a la astróloga Élizabeth Tessier, quien tras la muerte de Mitterrand contó que él consultaba los astros para tomar decisiones, como saber cuándo era mejor atacar en la guerra del Golfo.

Indira Gandhi, que llegó a ser primera ministra de la India, también consultaba frecuentemente con astrólogos y gurúes espirituales para tomar decisiones políticas a través de cartas astrológicas.

Un caso más cercano en el tiempo es el de Rosario Murillo, vicepresidenta de Nicaragua y esposa del actual presidente, Daniel Ortega. Hay quienes la acusan abiertamente de ser una bruja profesional. Según los medios de comunicación y datos contrastados, Murillo es proclive a realizar rituales y prácticas ocultistas para proteger y mantener a su marido —y a ella misma— en el poder. Sus inclinaciones ocultistas se manifiestan en forma de persecución a la Iglesia católica, tildando a los sacerdotes de «terroristas espirituales». Sergio Ramírez, exvicepresidente de Nicaragua y premio Cervantes, declaró en una entrevista que realizó para el diario español ABC algo muy significativo: «Otra cosa que es muy singular es que ahora las reuniones del gobierno se hacen alrededor de una estrella ardiendo de cinco puntas. Es increíble. Se traza un círculo y los ministros se sientan alrededor. Es como un aquelarre. Y utilizan un dron para que se vea la estrella completa»[50].

Rosario Murillo lleva las manos y los brazos llenos de anillos y amuletos. Uno de ellos es un brazalete de una mano de Fátima, un amuleto contra el mal de ojo y la envidia. Su familia proviene de una región llamada Niquinohomo, cuna de espiritistas y hechiceros. Su madre leía el tarot y consultaba la ouija y decía que en esas sesiones se manifestaba el héroe nacional Augusto Sandino, un guerrillero y revolucionario nicaragüense, inspirador del Frente Sandinista de Liberación Nacional. Rosario Murillo afirma que su hijo Juan Carlos es la reencarnación de Sandino. Uno de los propósitos de Rosario Murillo es descristianizar Nicaragua.

---

50 Publicado el 6 de agosto de 2024. Leer la noticia completa en: https://www.abc.es/internacional/rosario-murillo-xxxxxxxxx-20240806182252-nt.html

Todos estos ejemplos de personas famosas no son sino una muestra de lo que ocurre a todos los niveles. Pero eso no quiere decir que todas las veces que se hace una invocación sea efectiva, porque no todo el mundo que dice ser médium es capaz de contactar con entidades y porque se tienen que dar una serie de variables, como las aptitudes del brujo o espiritista, el conocimiento de lo preternatural, saber en profundidad cómo realizar los rituales, etc. Además, el demonio no siempre se manifiesta abiertamente cuando la persona así lo requiere, aunque la voluntad de la persona es importante para que el contacto se realice.

La Iglesia advierte del peligro de participar en sesiones espiritistas o de usar cualquier método ocultista. Y aunque la propia Iglesia católica es escéptica en confirmar los casos de posesión demoniaca, porque hay signos que deben evidenciarse a través de un estudio en profundidad de la persona —patologías, psicología y un amplio reconocimiento a nivel psiquiátrico y médico para llegar a una conclusión certera de que exista una posesión—, se ha pronunciado con contundencia en múltiples ocasiones para condenar enérgicamente todo intento de invocación de los muertos.

Monseñor Martinelli recoge en el artículo que he mencionado con anterioridad algunos de los escritos del Magisterio de la Iglesia al respecto: «La Iglesia ha condenado siempre cualquier intento, distinto de la oración, de ponerse en comunicación con las almas del más allá. He aquí algunos pronunciamientos a este respecto por parte de la Iglesia:

—El Papa Sixto V en 1585, con la Constitución *Caeli et terra Creator*, condena firmemente la nigromancia y todo tipo de contacto con los espíritus de los muertos.

—El 4 de agosto de 1856, vista la difusión del fenómeno del espiritismo, el Santo Oficio declaró «ilícita, herética y escandalosa la práctica de evocar las almas de los muertos, recibir sus respuestas, etc.».

—En 1882 (1 de febrero), la Sacra Penitenciaría declaró ilícito asistir a las sesiones y a los juegos espiritistas.

—En 1886, el Concilio de Baltimore afirmó la posibilidad de que el espiritismo estuviese ligado a acciones diabólicas.

—En 1917 (24 de abril), el Papa Benedicto XV, respondiendo a otra cuestión sobre la posibilidad de asistir únicamente en forma pasiva a las prácticas espiritistas, enfatizó que «no es lícito en ningún caso» participar en dichas manifestaciones, incluso aunque se presenten caracterizadas por un clima de piedad y se manifieste una explícita voluntad de no tener nada que ver con los espíritus malignos.

—El Catecismo de san Pío X de 1905 explica: «**Todas las prácticas del espiritismo son ilícitas porque son supersticiosas y no están inmunes de la intervención diabólica, y por eso fueron justamente prohibidas por la Iglesia**».

Por tanto, en el caso de que una persona, de alguna manera, haya participado en una experiencia de este tipo, debe acudir a un sacerdote y solicitar el acompañamiento de la Iglesia, para detectar si hay anomalías de índole espiritual —infestación, posesión, vejación, perturbación— y poder ponerles remedio. Sin ánimo de asustar ni provocar pánico, sino todo lo contrario, hay que ser prudentes. No todo lo malo que nos sucede procede del ámbito preternatural: «Se pueden encontrar también aspectos paranormales como causa de ciertos fenómenos, como fenómenos naturales que, siendo en la actualidad poco o nada conocidos, son atribuidos erróneamente al ámbito sobrenatural. En otros casos, algunos fenómenos encuentran a todos los efectos una explicación psicológica, psiquiátrica, neurológica o psicoanalítica»[51].

Además, muchos de los médiums son personas que no realizan ningún tipo de contacto con el más allá y lo que hacen es tratar de sacar algún beneficio a costa de personas incautas. «No pocas veces además se tiende a aprovecharse voluntaria o inconscientemente, gratuita o a cambio de dinero, de la credulidad y la ingenuidad de no pocas personas, sacando provecho a veces del efecto placebo. Muchas prácticas son fruto de estafas con fines de lucro»[52].

Pero hay casos en los que sí hacen falta los exorcismos para liberar a las personas de afecciones que pueden ser consecuencia de influencias satánicas. El padre Gabriel Amorth,

---

51 MONS. RAFFAELLO MARTINELLI, *op. cit.*
52 *Ibid.*

que fue el exorcista del Vaticano durante treinta años y una de las máximas autoridades en este campo, declaraba que una persona puede ser víctima de una posesión diabólica con tan solo una lectura de cartas.

### 3.7. La magia, una forma de anticulto

¿Qué entendemos por magia? El diccionario de la RAE la define como el «arte o ciencia oculta con que se pretende producir, valiéndose de ciertos actos o palabras, o con la intervención de seres imaginables, resultados contrarios a las leyes naturales».

Hay personas que recurren a la magia en busca de cosas buenas, y otras personas la utilizan para hacer daño a otros. De nuevo, es monseñor Martinelli quien nos ofrece una clasificación de los distintos tipos de magia:

—«Tradicionalmente se suele distinguir entre magia blanca y magia negra [...] la magia blanca comprendería formas de intervención que presumen de buscar fines, sean benéficos, como el restablecimiento de una relación amorosa, la curación de una enfermedad, la solución de problemas económicos y así por el estilo, pero lo hace recurriendo al uso de medios inadecuados como talismanes y amuletos, porta fortuna y filtros, creencias en combinaciones de cartas, personas o eventos, o también con referencias a prácticas médicas centradas en artes ocultas o poderes sobrehumanos (CEC, 13-14)».

—«Existen la magia blanca y la magia negra, que tienden a buscar el contacto con las fuerzas ocultas, consideradas superiores al individuo humano, pero que pueden ser manipuladas y controladas incrementando el poder del mago o de sus seguidores. La finalidad por la que se quieren adquirir poderes mágicos puede ser material (adquisición de riqueza o de dominio sobre otras personas) o noble (mejoramiento de sí mismo y de la humanidad). Para alcanzar tales fines se pondrá en movimiento una serie de divinidades intermedias (espíritus, ángeles, demonios, fluidos, energías, potencias...)».

—«Todavía más grave es la magia negra. Esa está relacionada, de manera directa o indirecta, a poderes diabólicos o presume de actuar bajo cualquier influjo suyo. Por norma, la magia negra está dirigida a fines maléficos (procurar enfermedades, desgracias, disturbios psíquicos a rivales, crear fuerte negatividad, mal de ojo y mal agüero, generar contrastes, impedimentos, litigios, venganzas, causar enfermedades y la muerte...), o a influenciar el curso de los acontecimientos para ventaja propia, especialmente para conseguir ventajas personales como honores, riquezas u otras cosas. Se llama magia negra por los métodos a que recurre y por los fines que persigue (cfr. CET, 8). Esta magia es una verdadera y propia expresión de anticulto y su fin último es transformar a los adeptos en siervos de Satanás. Entran en este ámbito los ritos con fondo satánico que culminan en las misas negras»[53].

La magia negra ha sido utilizada a lo largo de los siglos por distintas culturas. En la Antigua Mesopotamia (3000 a.c.) se usaban las tablillas cuneiformes para describir exorcismos, maldiciones y ritos contra enemigos (atarlos o eliminarlos). En Egipto, el ritual más conocido era el de los nudos, que representaba una protección por medio de la magia en diferentes ámbitos, confiriendo poder a nudos realizados en una cinta o cuerda. En Roma, las *tabellae defixionum* («tablillas de maldición») se enterraban en tumbas y se pedía a los espíritus que causaran el mal a rivales amorosos, políticos o deportivos. En África encontramos rituales de contramagia y el *boloy*, relacionado con el vudú, que tiene que ver con maleficios a través de rituales. Asimismo, la magia chamánica de las culturas indígenas se usa para enfermar, confundir o matar a personas por medio de distintos rituales.

La magia negra tiene la finalidad de influir, manipular o dañar a una persona mediante fuerzas ocultas: «En la magia se intenta dominar a las fuerzas ocultas atribuyéndose un poder sobrehumano sobre la creación, sobre el presente, sobre el futuro, sobre los otros (personas o cosas), sobre los acontecimientos, sobre los difuntos. Así, se busca apoderarse de Dios, de su poder, intentando ponerse en su lugar» [...]

---

53 Mons. Raffaello Martinelli, *op. cit.*

«el actor (o el usuario) de la magia piensa poder ejercer un control mediante prácticas rituales capaces de producir automáticamente efectos; el recurso a la divinidad —cuando existe— es puramente funcional, subordinado a estas fuerzas y a los efectos queridos (cfr. CET)»[54].

Dentro de la magia negra hay distintas formas de hacer rituales para perpetrar el mal: el maleficio, los amarres, el vudú, la santería, las invocaciones, el pacto satánico y las misas negras.

Puede ocurrir que, si la persona sabe que alguien le está haciendo, por ejemplo, vudú, esté psicológicamente condicionada, y pueda experimentar efectos psicológicos, es decir, que haya un condicionamiento y se manifiesten ciertos síntomas de una forma psicosomática. En ese supuesto, no es la magia negra en sí misma la que está causando el mal, sino la autosugestión del sujeto. Los posibles síntomas relacionados con el pensamiento se desarrollan a nivel físico; por ejemplo, mareos, palpitaciones, taquicardia, vómitos, dificultad para respirar, insomnio, ansiedad, pensamientos suicidas y muchos otros que la persona cree que son resultado de la magia que le han hecho.

Pero no siempre la persona es conocedora de que le han hecho brujería y puede comenzar a tener manifestaciones que nunca había tenido, además de una clara indisposición física no atribuible a ninguna enfermedad. La sintomatología es similar a la de una enfermedad psicosomática, pero

---

54 Mons. Raffaello Martinelli, *op. cit.*

cuando la persona no es consciente de que ha sido víctima de la magia negra y sufre afecciones de diversa índole —que no necesariamente son una coincidencia—, es digna de un estudio pormenorizado, ya que puede haber sido víctima de un maleficio.

En todo caso, «es necesario ser cautos para juzgar la magia como un efecto directo —siempre y en toda circunstancia— del demonio. Si de hecho la existencia y la acción del demonio son claramente afirmadas por la Doctrina de la Iglesia, no se puede de hecho provocar la tendencia a demonizar todo»[55]. Como siempre, el recurso a los expertos en estos temas es la mejor forma de abordarlos.

### 3.8. Las maldiciones y el karma

Las maldiciones están relacionadas con los actos de brujería. La intención de quien las pronuncia, ya sea mental o vocalmente, puede causar un mal a otra persona, si lo hace alguien que sabe cómo formularlas y recurre a la magia para que la maldición tenga efecto.

La maldición es desear que se haga efectivo un mal contra otra persona. Es contraria a los valores cristianos. Las maldiciones son, en sí mismas, una apertura de puertas a lo preternatural. A través de un rito específico se puede maldecir a otros y, en muchos casos, se produce el efecto deseado. El padre Gabriel Amorth hablaba de ciertos ritos de hechicería que

---

55 *Ibid.*

tienen que ver directamente con Satanás, en los que se usan elementos sagrados, tales como agua bendita, aceite o una sagrada forma, invirtiendo su valor y usándolos para el mal. Dentro de la Nueva Era, estas prácticas son realizadas con mayor frecuencia de lo que parece. El hacer uso de ellas puede afectar espiritual y psicológicamente a la persona implicada, porque el mal puede entrar por aquellas rendijas que se le abren directa o indirectamente.

En las religiones antiguas, una maldición era una invocación en la que se pedía la intervención de las fuerzas invisibles. En la Nueva Era, aquello que no vemos, esas energías que tanto propugna, pueden ser dirigidas contra algo o alguien. Pero ya no se habla de un mal espiritual respecto a las maldiciones, sino de energías o de bajas vibraciones. Como no se cree en el mal o en el pecado, no hay espíritus malignos, sino «energías pesadas».

Las maldiciones en la Nueva Era no se presentan tal como las nombra la Biblia, sino que se consideran energías que tienen que ver con el karma. Y se recurre a la meditación trascendental con intenciones poco sanas, como desviar las energías a otras personas para que reciban su propio karma.

De nuevo, vemos que hay un disfraz asociado con lo positivo y lo bueno. Por eso se evita usar conceptos como mal o pecado y se sustituyen por términos específicos: vibración, frecuencia, energía cuántica, resonancia, campo áurico... Así, millones de personas realizan actos mágicos por medio de estas prácticas y no se dan cuenta de ello.

### 3.9. El engaño de las constelaciones familiares

La Nueva Era entiende ciertas maldiciones como cadenas o ataduras que pueden arrastrarse de generación en generación. Se vinculan a «espíritus tutelares» o «espíritus sombra», que son los que generan los aspectos negativos a los miembros de la familia. Y a los efectos se les llama «herencia energética», «carga energética» o «sello espiritual» dentro del ocultismo.

La Nueva Era defiende que esas ataduras deben romperse por medio de una terapia, pero no explican al interesado que esa supuesta terapia tiene que ver con invocaciones espirituales. Creen que las «cargas energéticas» que se transmiten entre familiares atraen accidentes, pobreza, enfermedad o mala suerte. Como no existe un Dios personal que juzgue el pecado, quien lo hace es el destino y el universo, que paga con el karma. La maldición se traduce entonces en una especie de karma acumulado que tiene consecuencias en familiares a través de las vibraciones que la persona hereda.

El karma es un concepto hinduista, donde las acciones, ya sean buenas o malas, tienen indefectiblemente una reacción de la misma índole, algo así como una causa y un efecto determinante[56]. Esto afecta a la persona en la propia vida o

---

56 *Jesucristo, Portador…*: «En la doctrina del *samsara,* [el karma] se entendía como el ciclo incesante del nacimiento y la muerte humanas (hinduismo) o del renacer (budismo). En los ambientes de la Nueva Era, la "ley del karma" se concibe con frecuencia como el equivalente moral de la evolución cósmica. El karma no tiene ya que ver con el mal o el sufrimiento —ilusiones que hay que experimentar como parte de un

en futuras reencarnaciones. Según algunos gurús, como Joe Dispenza, esos campos vibracionales donde se acumulan traumas familiares, miedos y tragedias se pueden canalizar a través de la meditación o, como afirma Hellinger, realizando constelaciones familiares.

La terapia de las constelaciones familiares es una práctica esotérica-ocultista que fue creada por Bert Hellinger, un psicoterapeuta alemán exjesuita. Hellinger mantenía que las cadenas familiares son heredadas y que es necesario romperlas. Afirmaba que todos los acontecimientos que le suceden a una persona son resultado del sistema energético-emocional que influye en los miembros de un mismo clan.

Hellinger parte de tres premisas o fundamentos: pertenencia, orden y equilibrio.

—*Pertenencia*. Aquellos integrantes de la familia que tienen cargas emocionales «fallidas» y han conducido a un desequilibrio —llámese homicidas, suicidas, criminales, amantes ocultos, etc., incluyendo a aquellos seres humanos que fueron abortados—, han de ser reconocidos junto a todo el clan familiar. Si algún miembro es excluido y no es reconocido, otro lo representará y repetirá idéntico destino.

---

"juego cósmico"— sino que es la ley universal de la causa y el efecto, y forma parte de la tendencia de un universo interrelacionado hacia el equilibrio moral».

—*Orden*. Existe una jerarquía en la familia y esta no puede ser alterada. Es la jerarquía natural: los padres están antes que los hijos, el adulto está antes que el niño, etc. En consecuencia, el que llega primero a este mundo tiene una prioridad sistémica, y si se rompe este orden, aparecen síntomas. Si un hermano toma el rol del padre, o una hija el rol de la madre, conllevará un desequilibrio, y las consecuencias a nivel emocional y psicológico las asumirán los familiares directos.

—*Equilibrio*. Las relaciones deben tener una ecuanimidad en el dar y recibir. La deslealtad en estas relaciones genera una carga emocional y una repetición intergeneracional de los errores.

En la terapia de las constelaciones familiares se intenta ejercer control sobre determinadas acciones para saber información oculta, ya sea sobre abortos, infidelidades o hijos no deseados, por poner ejemplos. Con el propósito que hemos mencionado de romper las ataduras, incluso con conflictos desconocidos, se pide a la persona que quiere romperlas que realice una sesión, lo que se le propone con tintes terapéuticos. Esta sesión por lo general se realiza en grupo. La persona que acude a la consulta expone su situación para intentar descubrir dónde está el problema que ha generado la cadena familiar. El facilitador, que es el terapeuta (también llamado «constelador»), escoge a miembros del grupo para que representen a familiares vivos o muertos y lo relacionado con conceptos que generan problemas: dinero, miedo, suerte, destino... Cada persona se coloca en el espacio reservado para la sesión, normalmente en círculo, y el facilitador va observando los movimientos de cada uno y determinando aquello que está oculto o el propio trauma.

Según el comportamiento de cada participante, el facilitador interpreta y saca la conclusión del conflicto y dónde se ha originado, a través de esta puesta en escena en la que los participantes asumen un rol. Es un modo de exponer un clan familiar con sus respectivos problemas, que son los que han suscitado esas cadenas generacionales que se han ido transmitiendo, tanto consciente como inconscientemente.

Se usan frases como: «Tú eres el grande, yo soy el pequeño»; «honro tu destino»; «ahora te dejo lo que te pertenece», frases que se repiten constantemente y que se atribuyen no al facilitador, sino a una supraconciencia.

Es una especie de psicodrama donde tiene lugar una invocación de energías y una llamada a una canalización de dichas energías, casi como si se tratase de un rito chamánico. En esta representación, muchos consteladores afirman haber sentido emociones ajenas, y ello ocurre, según creen, porque se conectan a un campo sistémico invisible del que se desconoce su procedencia.

Los que practican las constelaciones familiares lo hacen porque creen que la familia crea un campo energético y la información puede transmitirse entre familiares, sin que haya necesariamente un contacto directo. Ese campo es morfogenético, es decir, un campo de energía donde se almacena una memoria colectiva en la que residen determinados patrones y actitudes de eventos pasados, lealtades, etc., que han influido en los miembros de la familia actual y que pueden ser neutralizados a través de los participantes en la dinámica.

Todo esto se manifiesta en los participantes a través de emociones y sensaciones, y la sanación llega al poner de manifiesto la aceptación de los traumas ocultos y los evidentes, de manera que pueda darse una restauración del equilibrio familiar.

Hay personas que creen que este proceso puede sanar desde adicciones, depresión, ansiedad, muertes traumáticas, abortos ocultos o suicidios, desvelación de secretos familiares, rupturas, traumas, etc.

Aunque en apariencia nació como una terapia psicológica, se empezaron a introducir elementos ocultistas sin que los que buscaban solución a sus problemas tuvieran conocimiento de ello. Actualmente, son muchas las personas que acuden a *constelar* —así es como se denomina el proceso—, sin saber que no es una terapia cualquiera y que está plagada de elementos no muy claros. Por ejemplo, no hay duda de que se mezclan el reiki y la canalización de energías para obtener una sanación. Hay imposición de manos de una manera soterrada para que el constelado sane y sus energías se alineen. Y no solo eso, sino que la persona, al empezar a sentir los supuestos beneficios de las constelaciones familiares, puede experimentar una dependencia a nivel psicológico de la propia terapia.

El propósito de sanar el interior de una persona no es malo en sí mismo. Lo perjudicial es la forma de lograr el objetivo y la manera en cómo se pone de manifiesto el uso de la canalización de energías, a través de regresiones hasta llegar al estado fetal, para poder limpiar aquello que está causando los traumas, y haciendo un recorrido por la vida de quien constela.

No es algo que pueda ser tomado a la ligera, puesto que adentrarse en algo que no se conoce, y donde hay una mezcla de terapia psicológica con ocultismo, puede llegar a confundir y afectar a todos los niveles.

En el ámbito católico, y aunque no estaríamos hablando de constelaciones familiares, sino de *sanación intergeneracional*, en algunos movimientos concretos se ha empezado a practicar una forma de sanación para abordar la transmisión de pecados en distintas generaciones de una misma familia. Saliendo al paso de ese tipo de prácticas, en noviembre de 2024 la Conferencia Episcopal Española emitió un documento, *Su misericordia se extiende de generación en generación. Nota doctrinal sobre la práctica de la generación intergeneracional*, que creo que puede arrojar mucha luz sobre el tema de las cargas familiares, el castigo y el paso de la culpa de unas generaciones a otras.

El documento expone que hubo algunos autores católicos que hablaron de la existencia de una transmisión intergeneracional del pecado, «y correlativamente, la posibilidad de una sanación intergeneracional. Según este modo de ver, pecados cometidos por antepasados de nuestro árbol genealógico, que quedaron sin perdonar en vida de quienes los cometieron, serían la causa de enfermedades físicas y psíquicas de sus descendientes. El modo de curar dichas enfermedades consiste en identificar el pecado en el propio árbol genealógico. Posteriormente, mediante la oración de intercesión, exorcismos y, especialmente, la celebración de una Eucaristía, se ruega al Señor Jesús o al Espíritu Santo que rompa el vínculo de pecado entre la persona y sus antepasados, alcanzándose así la sanación, muchas veces total y prácticamente instantánea. Aunque esta práctica, extendida entre cristianos católicos y no católicos, se realiza con la mejor intención y con el deseo de aliviar el sufrimiento de las personas, al fusionar aspectos propios de la fe católica con otros que le son ajenos, **resulta un sincretismo de apariencia católica** con aspectos que incumben de manera explícita o implícita a cuestiones de escatología, particularmente la doctrina del purgatorio y la retribución; de eclesiología, en lo que respecta a la comunión de los santos, vivos y difuntos, en el cuerpo de Cristo; de antropología, pues **elimina la responsabilidad personal en el pecado y la libertad del ser humano, afectando a su relación con Dios**; y de la teología de los sacramentos, especialmente de la comprensión de la Eucaristía y del Bautismo»[57].

57  Conferencia Episcopal Española, *«Su misericordia se extiende de gene-*

Algunos podrían objetar que ya en el Antiguo Testamento encontramos ejemplos de transmisión de castigos que pasaban de una generación a otra. Los pecados relacionados con la idolatría, la violencia o la injusticia podían afectar directamente a los descendientes de una familia hasta una determinada generación. Por ejemplo, en el libro del Éxodo leemos: «No te postrarás ante ellos, ni les darás culto; porque yo, el Señor, tu Dios, soy un Dios celoso, que castigo el pecado de los padres en los hijos, hasta la tercera y la cuarta generación de los que me odian»[58]. Y en el libro Primero de los Reyes, encontramos un castigo sobre Ajab y sus descendientes: «Yo mismo voy a traer sobre ti el desastre. Barreré tu descendencia y exterminaré en Israel a todos los varones de la familia de Ajab, del primero al último. Dispondré de tu casa como de la de Jeroboán, hijo de Nebat, y de la de Baasá, hijo de Ajías, por la irritación que me has producido y por haber hecho pecar a Israel»[59]. Y efectivamente, sucedió como dicen estos versículos, y lo dicho vio cumplimiento en Ajab, en la muerte de sus hijos y en la muerte de sus nietos.

La Nota de la Conferencia Episcopal dice al respecto de este tipo de textos que aparecen en el Antiguo Testamento: «Esta concepción de la responsabilidad corporativa, que ponía en entredicho la justicia de Dios, especialmente cuando se trataba del sufrimiento del justo, como afronta el libro de

_ración en generación. Nota doctrinal sobre la práctica de la generación intergeneracional_», noviembre de 2024.
58  Éx 20,5.
59  1 Reyes 21, 21-22.

Job, evolucionó haciendo al hombre responsable de su propio destino (Jr 31,29-33; Ez 18,20 o Dt 24,16) y **ampliando el plano de la retribución al de la redención** en lo que respecta al sufrimiento del inocente. [...] En el Nuevo Testamento **Jesús rechazó la concepción de una transmisión hereditaria del pecado**, rompiendo con la lógica "culpa–castigo personal y colectivo" en la conocida escena de la curación del ciego de nacimiento (Jn 9,2-3). Jesucristo resuelve con su propia vida las posibles dificultades que planteaba la doctrina de la retribución: **Él es el Justo que asume solidariamente el pecado de la humanidad y la redime**»[60].

Así pues, la Nota establece una serie de conclusiones:

—La garantía que ofrece el bautismo, pues, según establece el Catecismo de la Iglesia Católica, «el bautismo perdona todos los pecados, el pecado original y todos los pecados personales, así como todas las penas del pecado. Por tanto, no queda nada en los que han renacido que les impida entrar en el Reino de Dios, ni el pecado de Adán, ni el pecado personal, ni las consecuencias del pecado, la más grave de las cuales es la separación de Dios (n. 1264)». Ante esta verdad: «No cabe, pues, sostener una transmisión intergeneracional del pecado sin contradecir la doctrina católica sobre el bautismo»[61].

---

60 Conferencia Episcopal Española, *Nota doctrinal…*
61 *Ibid.*

—«Esta práctica [la sanación intergeneracional] no tiene justificación ni en las Escrituras ni en la Tradición ni en el Magisterio de la Iglesia, ya que niega tanto la verdad de la misericordia de Dios y su amor perdonador, así como la eficacia de la gracia sacramental del bautismo y de la reconciliación»[62].

—**«El único pecado que se hereda de generación en generación es el pecado original,** que no tiene carácter de culpa personal ni su castigo pasa a la siguiente generación. Así, si es cierto que "**por la desobediencia de un solo hombre, todos fueron constituidos pecadores**", no es menos cierto que, de manera desproporcionada, "**por la obediencia de uno solo, todos serán constituidos justos**" (Rom 5, 19) recibiendo a raudales "la gracia de Dios y el don otorgado en virtud de un hombre, Jesucristo, que se han desbordado sobre todos" (Rom 5, 15). Dios, en su infinita bondad, "nos salvó por el baño del **nuevo nacimiento y de la renovación del Espíritu Santo,** que derramó sobre nosotros por medio de Jesucristo nuestro Salvador, para que, **justificados por su gracia,** seamos en esperanza herederos de la vida eterna" (Tit 3,5-7)».

### 3.10. La magia decretiva y la ley de atracción

La magia decretiva se basa en el poder de la palabra hablada y en la intención para modificar la realidad, reprogramar la

---

62 Conferencia Episcopal Española, *Nota doctrinal...*

mente y conseguir que se cumplan los deseos. Es decir, lo que se hace es usar las palabras para generar una intención, y que esta se haga realidad por medio de la repetición.

Esta forma de intentar cambiar el destino y la propia realidad viene de tiempos antiguos, pero actualmente se sigue utilizando en decretos, intenciones, afirmaciones, manifestaciones conscientes y creación de la propia realidad.

Tiene que ver directamente con un tipo de mantra repetido (como son los védicos o el *heka* egipcio, por ejemplo). Los mantras védicos son versículos extraídos de los textos más antiguos del hinduismo para invocar divinidades, buscar bendiciones, meditar y lograr bienestar. El *heka* egipcio es un concepto mágico que personifica una deidad creadora que permitía el acceso a lo sobrenatural y la canalización de energías a través de rituales y otras prácticas para obtener curación y protección.

Antiguamente, se creía que la magia tenía un poder ontológico y quien decretaba algo tenía acceso a poder dominar aquello que nombraba. Los rosacruces tienen afirmaciones consideradas decretos, que buscan el poder necesario para obtener el beneficio deseado.

Bajo la influencia de Phineas Quimby (1802-1866), un mentalista americano, curandero, mesmerista[63] y fundador del

---

63 El mesmerismo, o doctrina del «magnetismo animal», cree que existe un supuesto fluido invisible que permite el funcionamiento del cuerpo humano, pero si está distribuido erróneamente o hay un desequilibrio, origina enfermedades. Fue postulado en el mundo occidental por el médico alemán Franz Mesmer (1734-1815).

**Movimiento del Nuevo Pensamiento**, se difundió la costumbre de verbalizar frases como: «Yo soy la abundancia» o «yo soy la salud perfecta». Quimby, siguiendo a Mesmer, recurría a la hipnosis y a la sugestión para curar.

El mesmerismo considera que todo lo relacionado con el pensamiento tiene que ver con una fuerza invisible que poseen animales, seres humanos y vegetales, y que tiene efectos físicos para sanar distintas patologías, sobre todo de índole mental. Los postulados del Nuevo Pensamiento introducen una visualización creativa para concebir una realidad, un pensamiento positivo para cambiar lo negativo. Por ejemplo, el postulado «como es arriba, es abajo»[64], que forma parte de este modo de visualizar hechos que modifican la realidad, es uno de sus principios, basado en que **el universo (macrocosmos) opera bajo unas leyes universales que se reflejan en el ser humano (microcosmos)**.

La famosa ley de atracción, que se ha hecho tan popular y ha generado tantas expectativas para cambiar realidades en las personas, tiene que ver directamente con que **lo semejante atrae lo semejante**. Defiende que aquello que se imagina equivale a crearlo en la propia realidad. Por ejemplo, si uno piensa en el dinero y lo visualiza como riqueza, así será el

---

64 Esta máxima está relacionada directamente con el hermetismo, una forma de pensamiento atribuida a Hermes Trimegisto, del Egipto helenístico. Tiene que ver con la ley de correspondencia. Se fundamenta en la conexión divina («como es arriba, es abajo»), la unidad del todo y la transformación interior. Ha influido en el ocultismo, la alquimia y el neoplatonismo.

resultado si la persona piensa en ello con una determinada frecuencia. Si además lo agradece, entonces se multiplican los beneficios. Esta manera de alcanzar la prosperidad a través del pensamiento positivo está relacionada con la teosofía, el mentalismo rosacruz y la psicomagia[65].

El funcionamiento de la ley de atracción es aparentemente sencillo. Los que creen en esta ley piensan que los pensamientos tienen una energía que genera otra energía similar. Para poder controlar esa energía, sus proponentes afirman que deben seguirse unos pasos: pedir al universo lo que se quiere; concentrar los propios pensamientos sobre lo que se quiere con sentimientos positivos (gratitud, entusiasmo...); sentir o comportarse con el objeto deseado como si ya se hubiera obtenido; estar abierto a recibirlo. El agradecimiento al universo y poner lo que se pide en sus manos (lo que se denomina «soltar» en el argot de esta creencia) dará los resultados esperados.

La ley de atracción es una especie de adaptación de esto que dice Jesucristo: «Pedid y se os dará, buscad y encontraréis, llamad y se os abrirá; porque todo el que pide recibe, quien busca encuentra y al que llama se le abre»[66]. Y de esto

---

65   La psicomagia está considerada como una técnica terapéutica ideada por el cineasta y artista chileno Alejandro Jodorowsky. Combina el psicoanálisis, el chamanismo y el teatro para sanar traumas inconscientes y bloqueos emocionales. Utiliza actos simbólicos y metafóricos —«actos psicomágicos»— diseñados para interpelar directamente al inconsciente y liberar al paciente de cargas heredadas o traumas pasados.
66   Mt 7,7-9.

también: «Por eso os digo: todo cuanto pidáis en la oración, creed que os lo han concedido y lo obtendréis»[67]. Jesucristo exhortaba a hacer las cosas conforme a la voluntad de Dios, dejando todo en sus manos. Sin embargo, la ley de atracción, otra forma de sincretismo, postula una energía universal —no habla de Dios— y cree en la capacidad del ser humano de controlar por sí mismo la realidad, cambiándola conforme a sus deseos y pensamientos.

Es otra práctica más dentro de la Nueva Era que tiene conexiones con el ocultismo, porque maneja un lenguaje cercano a la magia, usa rituales y propugna el poder del pensamiento, la palabra y los sentimientos para conectarse al universo y obtener sus favores. Se le da una vital importancia al pensamiento y a lo que denominan «decretar», para que todo eso se vuelva realidad según la emoción y la forma en la que se imagine.

### 3.11. Guías espirituales y canalización (*channeling*)

En los años 60 se creó un ecosistema espiritual donde cada vez había más personas a las que se consideraba maestros ascendidos, guías espirituales, entidades extraterrestres o seres de luz, todo ello rodeado de un matiz psicológico como forma de abrir un espacio a lo desconocido.

El GRECC (Grupo de Investigación en Comunicación Científica) de la Universidad Pompeu Fabra de Barcelona define la canalización espiritual como «el proceso mediante

---

67  Mc 11,24.

el cual se quiere explicar el contacto del médium con los espíritus. Así, un médium sirve de canal a un espíritu para contactar con el mundo físico: el cuerpo del médium acoge al espíritu durante un breve periodo de tiempo para que este interactúe con el mundo físico en su dimensión perceptible».

Y añade: «Por ejemplo, en el final de la película *Ghost* (1985), el cuerpo del personaje de Whoopi Goldberg sirve de canal al personaje espíritu de Patrick Swayze para interactuar físicamente con el personaje de Demi Moore»[68].

En la canalización, pueden darse distintos modos de «comunicación». Nos referimos aquí, por ejemplo, a la escritura automática, los trances mentales, las voces internas o los mensajes de entidades superiores trasladados de viva voz.

El canalizador debe entrar en una especie de trance, de forma que su vibración se eleve para recibir los mensajes. Y para llegar a ese estado alterado de la conciencia, el canalizador hace meditación profunda, repetición de mantras, uso de una determinada música y, en algunos casos, uso de sustancias psicoactivas.

Una de las primeras canalizadoras fue Jane Roberts (1929-1984), quien canalizó a una entidad llamada Seth. Roberts está considerada una de las médiums más importantes de la historia. Supuestamente, también era capaz de canalizar las visiones del mundo de otras personas, como el filósofo William James, Rembrandt y Cézanne, a través de un proceso

---

68   https://arxiu-web.upf.edu/infopseudociencia/canalizacion-espiritual/index.html

que ella describía como «escritura automática» con una máquina de escribir.

Durante 21 años y hasta su muerte en 1984, Jane Roberts impartió más de 1500 sesiones de trance en las que hablaba en nombre de Seth. Su marido actuaba como taquígrafo, registrando los mensajes, que consistían en monólogos sobre diferentes temas. Fueron publicados por la editorial Prentice-Hall bajo el título de *Seth Material*[69].

El *Material de Seth* influyó notablemente en otros maestros de la Nueva Era como Deepak Chopra, Louise Hay, Marianne Williamson, Jim Henson, Richard Bach, Shakti Gawain o Dan Millman. Catherine L. Albanese, profesora de Historia religiosa en la Universidad de Chicago, afirmó que en la década de 1970 el Material de Seth «inició una **era de concienciación a nivel nacional sobre la tendencia de la canalización**»[70]. Además, defendía teorías como el **panpsiquismo** y la creación de la realidad fuera del tiempo corpóreo.

John P. Newport, en un estudio que elaboró sobre el impacto de las creencias de la Nueva Era en la cultura contemporánea, dijo que la idea principal del material de Seth es que «cada individuo crea su propia realidad». De hecho, Newport

---

69  Hasta 1969, el material se publicó en forma de resumen en *The Seth Material*, escrito por Jane Roberts a partir del resultado de las sesiones de canalización. A partir de 1970, Jane escribió libros que, según dijo, estaban «dictados por Seth». Esta serie de «libros de Seth» alcanzó un total de 10 volúmenes.

70  CATHERINE L. ALBANESE, *A Republic of Mind and Spirit: A Cultural History of American Metaphysical Religion*, Yale University Press, 2007, p. 501.

enfatiza que este concepto fundamental de la Nueva Era se desarrolló por primera vez en el *Material de Seth*[71].

Según el historiador Robert C. Fuller, profesor de Estudios Religiosos en la Universidad de Bradley, Seth desempeñó el papel de guía en la nueva **«espiritualidad estadounidense no eclesiástica»**, que tiene que ver directamente con conceptos como el karma, la "conciencia crística", la reencarnación, el libre albedrío...»[72].

Hay críticos de Jane Roberts que consideran que el libro está escrito por el demonio. Tal es el caso de John MacArthur, presentador de un programa de entrevistas cristiano, que afirmó con rotundidad lo siguiente: «El *Material de Seth* es un libro escrito íntegramente por un demonio»[73]. Más sorprendente resulta que, dentro de la propia Nueva Era, haya organizaciones como la Fundación Urantia que también consideran que «el libro es una prueba de posesión diabólica»[74].

El caso de Jane Roberts sirve para mostrar cómo la canalización puede ser una puerta abierta a que el demonio pueda tener una influencia directa en las personas.

Actualmente, una de las canalizadoras más famosas del mundo es Judith Zebra Night, conocida como Ramtha. Dice

---

71   JOHN P. NEWPORT, *The New Age Movement and the Biblical Worldview: Conflict and Dialogue*, Wm. B. Eerdmans Publishing, 1998, p. 165.

72   ROBERT C. FULLER, *Spiritual, But Not Religious: Understanding Unchurched America*, Oxford University Press, 2001, p. 60.

73   JOHN MACARTHUR, *Demons and Magic*, https://www.gty.org/sermons/1218/demonand-magic

74   ERNEST MOYER, «10. Devil Possession: Jane Roberts and Seth». *Spirit Entry into the Human Mind* (PDF), p. 95.

recibir mensajes de un ser llamado Ramtha, un guerrero lemuriano de 35.000 años. Durante las canalizaciones, Night muestra cambios de personalidad, voces guturales masculinas y episodios de agresividad e ira. Entre sus adeptos figuran actores y personalidades muy famosas. J. Z. Night dirige la Escuela de la Iluminación de Ramtha, donde enseña, por ejemplo, lo siguiente: «**No hay más redención para la humanidad que comprender su divinidad.** Vosotros sois las semillas de esta comprensión. Cualquier cosa que se piense, cualquier cosa que llegues a comprender, eleva y expande la conciencia por todas partes».

Este postulado no deja de ser el mismo que promueven otros grupos dentro de la Nueva Era, la idea de que no hay un Dios fuera de las personas y que cada uno es su propio redentor, pudiendo, si se lo propone, conseguir lo inalcanzable.

Ramtha cree que habrá una nueva iluminación de conciencia, y que hace falta un nuevo despertar espiritual. La base fundamental y propiciadora de todo está en cada ser humano. Dice tener el don de la profecía, entre otros atributos.

Expertos en demonología han afirmado que lo que se manifiesta en ella no es producto de una dramatización, sino de una identidad demoniaca que usa su cuerpo para hablar y profetizar a través de ella. Las formas y las palabras que utiliza son perturbadoras y representan un conjunto de formulaciones ocultistas y anticristianas.

Hay canalizadores que aseguran que entran en contacto con ángeles, con la intención de hacer creer a quienes les consultan que están recibiendo mensajes de seres celestiales. Sin embargo, al entrar en contacto con la entidad espiritual, el canalizador pierde la voluntad: hay una especie de rendición para que la entidad actúe. La canalización es una puerta que se abre para que el demonio pueda tener una influencia directa en las personas, muchas veces de una forma muy sutil. El sacerdote Cándido Amantini, exorcista de la Scala Santa y profesor del padre Gabriel Amorth, llegó a la conclusión de que algunas personas con influjo demoniaco habían practicado canalizaciones a través de la escritura automática.

En el *channeling* que promueve la Nueva Era, y si recibe alguna respuesta clara, la persona que consulta corre el riesgo de pensar que lo que está haciendo es bueno y que procede de ángeles que están cerca de Dios. Pero Dios no responde a ningún tipo de ritual ejercido con el propósito de saber más sobre el futuro o como respuesta a un acto de brujería. Quien responde a la llamada son entidades caídas y espíritus que solo buscan crear confusión y caos espiritual (CEC 2116).

Todo esto no tiene nada que ver con el contacto angélico cristiano, que tiene rasgos muy claros que lo caracterizan: no hay una técnica, no hay un trance, no hay uso del cuerpo de la persona como canal para invocar. El ángel comunica un mensaje y desaparece. Un ejemplo lo tenemos en el arcángel Gabriel, que se apareció a la Virgen María para comunicarle la buena nueva de la encarnación del Hijo de Dios. Ella no lo invocó. El ángel se presentó, comunicó el mensaje y se marchó.

Al principio, la canalización puede producir una sensación de armonía y positivismo, de claridad mental y de una relativa paz interior. Luego se crea una necesidad de escuchar los mensajes para cualquier toma de decisiones, y se buscan respuestas para tener claridad sobre el modo de actuar. Eso provoca una pérdida de criterio propio, genera ansiedad y prioriza lo que dice la entidad por encima de la propia conciencia.

Como en otras prácticas de la Nueva Era, hay una apertura de la conciencia a no se sabe muy bien qué fuerzas, una anulación del juicio crítico y una pérdida de la voluntad. Una vez recibidos los mensajes, las decisiones las decreta el espíritu que hace presencia.

### 3.12. La anulación del yo y de la voluntad

Para que se den determinadas circunstancias relacionadas con lo oculto, es necesario que haya una expansión de la conciencia, con una anulación del ego y de la propia voluntad.

La Nueva Era defiende que, para alcanzar un estado de conciencia superior, debe haber una rendición de la voluntad y del pensamiento. Pero no está refiriéndose a un acto de humildad ni de desapegarse del ego, sino de la anulación de la personalidad, del yo. El concepto de la anulación del yo proviene del budismo y del hinduismo, y se ha ido modificando para adaptarlo a distintas prácticas esotéricas en occidente.

En el gnosticismo antiguo se consideraba la mente como una cárcel donde el pensamiento estaba atrapado, y simultáneamente había que rechazar la materia y la identidad. Carl Jung recogió ese concepto y habló de «disolver el yo», refiriéndose a expandir la conciencia para entablar un diálogo con el consciente y el inconsciente, logrando así encontrar su realidad divina. El objetivo es hallar un camino para que la persona descubra su trascendencia más allá del ego, es decir, de sus pensamientos y emociones.

La disolución del ego tiene distintas etapas. Se repiten consignas como: «No juzgues», «no analices», «confía», «siente», «no pienses». Todo pensamiento crítico se considera negativo y se dice que procede del ego. La voluntad limita lo que tiene que otorgar el universo, por lo que hay que trabajar por anularla. Tampoco existe la libertad, porque no existen ni el bien ni el mal, ni hay que optar por uno u otro. Todo lo relacionado con conceptos morales y de la propia persona es relativo.

Para lograr liberarse del ego y de la voluntad, se recurre a la meditación trascendental (MT), una técnica de meditación creada en la India por el gurú hinduista Maharishi Mahesh Yogi (1917-2008). Los practicantes repiten en silencio y se concentran en un mantra personal (cada uno debe inventar una palabra sin significado que le sirva de mantra y acudir a ella cada vez que desvíe la atención de la meditación).

Al intentar suprimir el yo, pueden darse síntomas a nivel psicológico y espiritual: sensación de vacío, ansiedad, dependencia emocional... La ansiedad que se genera no tiene un objeto aparente, y la persona no sabe qué le sucede. No logra aliviar el malestar que le provoca el querer anular los apegos y la propia voluntad.

El gran engaño radica en que la Nueva Era afirma que el ego es el enemigo a derrotar. Lo relaciona con el egoísmo, que a su vez está unido al yo. Cuando el yo desaparece por medio de distintas técnicas, la conciencia se desvanece y deja de tener relevancia en la toma de decisiones. Es en ese momento cuando se abre un espacio que otra cosa distinta al yo puede ocupar, produciendo los mismos efectos que en las canalizaciones o las sesiones espiritistas.

El yo en una persona no representa el egoísmo, como afirma la Nueva Era. **Sin el yo, la persona carece de identidad.** Gracias al yo la persona sabe quién es, qué hace, conoce su presente y su pasado, puede reconocer sus errores y virtudes. Desde el yo nace la voluntad para tomar decisiones. Si desaparece el yo, el individuo queda a merced de los impulsos y puede dejarse llevar, sin que haya ningún límite.

**El yo, nuestra identidad, sabe distinguir el bien del mal**, algo tan simple para saber obrar en consecuencia de lo que somos. **Sin el yo no es posible el amor**, que no es una fusión tal como lo determinan el budismo y el hinduismo. La disolución del yo conduce a una confusión espiritual y mental. Afirmar que el yo es una cárcel es negar lo que una persona es, negar su identidad y su semejanza con Dios. El yo permite al ser humano pensar, decidir, amar. Si el yo se anula y no hay conciencia sobre la realidad, pueden suceder cosas ajenas a la voluntad de la persona.

### 3.13. El reiki, una pseudoterapia para canalizar energías

El reiki es una terapia alternativa japonesa. Está considerado como pseudoterapia, ya que las investigaciones clínicas no han podido avalarlo, ni hay evidencia científica de su efectividad. Está englobado dentro de lo que se conoce como «terapias de energía».

En el reiki se busca canalizar la energía universal a través de la imposición de manos, con el fin de conseguir la autorregulación del organismo en el tratamiento de enfermedades y desequilibrios físicos, mentales y emocionales. Se basa en la creencia de que cualquier enfermedad está causada por un desequilibrio en los chacras —entendidos como los distintos puntos energéticos que mantienen el equilibrio en la mente y el cuerpo—. Con la imposición de las manos, se transmite una supuesta energía que el terapeuta canaliza, y que le viene dada desde una entidad superior.

El terapeuta, o maestro de reiki, indica a la persona que deje interactuar y fluir libremente las energías. Hay personas que con la imposición de manos sienten calor, paz y alivio interior, e incluso físico. Al sentir ese bienestar inmediato, necesitan volver a realizar la práctica para conseguir el mismo efecto. Otras personas dicen que, después de haber sentido sensaciones agradables, empiezan después a sentir cansancio, ansiedad, hipersensibilidad y, en algunas ocasiones, dificultad para orar.

En el reiki subyace el mismo concepto de una energía creadora que estamos viendo en otras prácticas de la Nueva Era, y que, al igual que en las demás, carece de identidad. Los que imponen las manos se denominan «maestros», pero no existe un sistema a nivel académico que avale a los titulados. Muchos médicos, científicos y expertos cuestionan los conocimientos de estos maestros, ya que el título de maestro de reiki se puede comprar online por unos 100 dólares, y hay cursos que ofrecen sacarse la certificación en dos fines de semana.

Aunque su inventor, Mikao Usui (1865-1926), aseguraba que era una técnica de sanación milenaria que él había redescubierto después de alcanzar el estado máximo de iluminación y plenitud (*satori,* en japonés), no existen pruebas de la práctica del reiki antes de él. En 1923, Mikao Usui fundó la Sociedad de aprendizaje del método curativo Usui Reiki, donde enseñaba los cinco principios que lo componían. Al parecer, esos principios los obtuvo de un libro titulado *Principios de salud* escrito por un médico amigo suyo, el doctor Bizan Suzuki, en 1914.

Más allá de su aspecto terapéutico, el reiki se postula como un camino espiritual.

Hay hospitales donde se ofrecen tratamientos con reiki en respuesta a la demanda de los pacientes, pero debido a su falta de base científica, en muchos países existe una fuerte oposición a su incorporación a los sistemas públicos de salud.

Un caso que sirve como demostración de que la práctica del reiki puede no ser inocua es el de Catalina Davis, cuyo testimonio puede verse en YouTube[75]. Desde pequeña, Davis sintió curiosidad por lo esotérico. Años más tarde, y en un momento de crisis existencial, comenzó a practicar reiki. No experimentó sensaciones sanadoras, sino pánico y una angustia incontrolable. Uno de los síntomas más evidentes fue el rechazo a todo lo que tuviera que ver con el cristianismo, y una aversión a Dios.

A pesar de tener síntomas desagradables, siguió inmersa en distintas prácticas, hasta que tocó fondo. Catalina compartía casa con una persona que contactaba con demonios y llegó a ser médium por ofrecimiento de una entidad espiritual. Fue testigo de fenómenos paranormales en la casa, como relojes sin cuerda que sonaban en su presencia y luces que se apagaban y encendían. Y tenía la sensación de que alguien le tocaba los brazos y las piernas cuando se iba a dormir.

Catalina cuenta en su testimonio que, después de haber estado en Valencia en un retiro, ocurrieron más fenómenos extraños y sintió voces que procedían de su interior. Ahí fue cuando fue consciente de que estaba poseída y comprendió que no tenía más remedio que hacer algo. Para liberarse, tuvo que ser exorcizada.

---

75  https://www.youtube.com/watch?v=KpXh8tfs2DM

### 3.14. La ouija y la posesión demoniaca

La ouija es un tablero de madera con un alfabeto, números y palabras como «hola», «adiós», «sí» y «no», mediante el que se quiere contactar con los espíritus de los difuntos. El tablero ouija tiene su origen en Estados Unidos a finales del siglo XIX. El propósito no era que fuera una tabla de diversión o juego, sino un medio para comunicarse con los espíritus.

Se utiliza con un puntero o vaso en el que los participantes ponen los dedos para que este se mueva a voluntad del espíritu que se invoca. Al «jugar» a la ouija, se realiza un pacto implícito entre las personas y la entidad, porque se acepta todo lo que suceda durante la sesión.

En la ouija se dan factores que determinan su condición de ritual para contactar con el más allá: hay una expectativa de respuesta, uso de lenguaje simbólico, repetición e intencionalidad. Puede haber un momento, no siempre, donde el espíritu se manifieste de una manera disimulada y no abiertamente, adquiriendo una identidad. El grupo de personas congregadas para la sesión le da autoridad para que se entable una relación entre la entidad y los asistentes.

El padre Gabriel Amorth advirtió insistentemente que jugar a la ouija era establecer una relación cara a cara con el maligno, con el fin de saber más sobre lo que está oculto o sobre hechos que se quieren conocer y que el espíritu está dispuesto a desvelar.

En su libro *Summa Daemoniaca,* el exorcista José Antonio Fortea afirma que la mayoría de los casos de posesión demoniaca se producen tras participar en ritos esotéricos como la ouija, el espiritismo, la macumba o el vudú.

Los efectos en las personas que practican ouija no tienen por qué ser inmediatos. Pueden aparecer obsesiones de manera imprevista, miedo persistente, fijación en lo oculto, rechazo por lo sagrado, y una sensación de que la persona nunca está sola, de que hay alguien que está siempre con ella.

El caso más mediático es quizá el del niño Ronald Edwin Hunkeler (1935-2020), que inspiró la película *El exorcista*, de 1973. Pero el caso venía de unas décadas antes. En agosto de 1949, el *Washington Post* había publicado la noticia de la posesión demoniaca y posterior exorcismo de un niño de catorce años de Maryland, al que, para preservar su identidad, habían puesto el sobrenombre de Roland Doe.

En 2021, tras la muerte de Ronald Edwin Hunkeler, su verdadera identidad fue desvelada y se confirmaron los hechos que habían sucedido después de que una tía suya, que practicaba el espiritismo, le introdujera en el contacto con los muertos. Un tiempo después, en enero de 1949, y tras la muerte de su tía, Ronald intentó comunicarse con ella a través de la tabla de ouija. Pronto empezaron a suceder cosas extrañas: su cama se movía y se elevaba cuando él se acostaba, los objetos de su habitación volaban por el aire y salían sonidos extraños que sus aterrorizados padres escuchaban desde fuera. El carácter de Ronald cambió y se llenó de ira y agresividad, especialmente contra su madre. De repente, sabía hablar lenguas muertas como el latín, había adquirido una fuerza física desproporcionada y daba signos de una violencia cada vez más acusada.

Los padres de Ronald eran protestantes. La madre fue a hablar con el pastor de su comunidad, Luther Schulze, y él le aconsejó que lo llevaran a médicos y psicólogos. Pero estos no encontraron nada raro. El pastor decidió entonces informar del caso al laboratorio de Parapsicología de la Universidad de Duke (Carolina del Norte) y también recomendó a la familia que se pusieran en contacto con un sacerdote católico jesuita, el padre William Bowdern. Cuando llegó el informe médico con resultados negativos, el sacerdote Bowdern, junto con otros dos sacerdotes, Walter Halloran y Raymond J. Bishop, realizaron a Ronald una serie de exorcismos (un total de 20 en un periodo de dos meses), hasta que Ronald quedó liberado. Declaró que había visto al arcángel san Miguel con una espada flamígera.

El proceso de liberación no fue sencillo. Fueron largas semanas de observación y seguimiento en detalle de lo que le pasaba al joven. Los sacerdotes llegaron a la conclusión de que había una lucha espiritual aterradora. Los síntomas fueron evidentes: rasguños, blasfemias y, en una ocasión, incluso apareció la palabra *hell* («infierno») en su abdomen. Después de días de oración y de que los sacerdotes preguntaran insistentemente cuál era el nombre del demonio que atormentaba al niño, este finalmente se identificó con el nombre de Belcebú.

Casos de posesión provocados por sesiones con la ouija hay muchos. Otras muchas veces no suceden hechos asombrosos, ya sea porque la invocación no está bien hecha, o porque no acudan los espíritus, o por otras variables muy diversas. Pero la Iglesia advierte de que adentrarse en una práctica como esta es sumamente peligroso. ¿Por qué? Porque quien se adentra en el ocultismo pone su confianza en el mal. Y ya sea con conocimiento de causa o no, le está dando al mal autoridad para que obre en su propia vida.

### 3.15. El pacto satánico, un contrato espiritual con el mal

Consiste en establecer un «contrato espiritual» con una entidad demoniaca para la obtención de algo: poder, éxito, placer o protección, a cambio de la propia voluntad y lealtad, o yendo más lejos, a la entrega del alma.

Cabe recordar que el propósito de Satanás es atraer a las personas para ponerlas bajo su dominio y alejarlas del amor de Dios y la salvación.

El pacto se realiza de manera consciente y se asume como algo irreversible. Puede hacerse de forma verbal o escrita. Se renuncia a Dios y al bautismo para que el demonio tome las riendas. Es un ritual donde se establecen normas explícitas de a quién dirigirse y cómo hacer el pacto. Tiene su propio proceso, unos pasos que seguir y unos tiempos que la persona debe cumplir.

Por distintas razones no siempre se consigue el objetivo, que en primera instancia es el contacto. Una de ellas es que Dios lo permita. La metodología del pacto y su principio más importante es invertir y negar toda la obra de Dios en la persona, y obtener una alianza con la entidad luciferina.

Las entidades que asumen el poder sobre las personas son el maligno —ya sea el propio Lucifer o uno de los demonios superiores, llamados Belcebú o Astarot—, y los que están subordinados a ellos: Lucifago, Satanachia, Agaliarept, Fleuretty, Sargatanas o Nebirus, aunque son muchos más los nombres y potestades demoniacas comandadas por Satanás.

¿Qué puede llevar a una persona a desear realizar un pacto con el mal? Los motivos son múltiples. En muchas ocasiones, suelen ser personas que están atravesando una situación adversa, y la desesperación o alguna problemática irreversible les mueve a probar con cualquier cosa. Otras veces es por diversión o por un deseo de negar a Dios como Artífice y Señor de toda la creación, y negar su salvación por medio de Jesucristo, dándole toda la credibilidad al mal y propiciando una condena eterna.

No olvidemos que el diablo es un ser real, autónomo, inteligente y poderoso. Tiene astucia para engañar, tentar y hacer caer a no creyentes y también a los que tienen fe en Dios. Teniendo eso en cuenta, lo mejor y más seguro es no participar en prácticas dudosas, ya que contienen una trampa: hacer creer al practicante que obtendrá lo que necesita. La otra manera de combatir la injerencia demoniaca, ya sea por accidente o por haberse adentrado en el ocultismo conscientemente, es la oración, los sacramentos y, en algunos casos, oraciones específicas y exorcismos, todo ello de la mano de sacerdotes y expertos.

Ocho meses antes de su muerte, en la Audiencia del miércoles 25 de septiembre de 2024, el papa Francisco alertaba de la existencia del demonio y de lo precavidos que tenemos que ser para no caer en sus trampas. Mencionaba el ocultismo, el espiritismo, los astrólogos y las sectas satánicas. Y enfatizaba un punto esencial: «Con el diablo no se dialoga». He aquí un extracto: «Hoy asistimos a un extraño fenómeno relacionado con el diablo. En un cierto nivel cultural, se cree que sencillamente no existe. Sería un **símbolo del inconsciente colectivo**, o de la alienación; en definitiva, **una metáfora**. Pero "el mayor ardid del diablo es hacer creer que no existe", como escribió alguien (Charles Baudelaire). Es astuto: **nos hace creer que no existe** y así lo domina todo. Es astuto. Sin embargo, nuestro mundo tecnológico y secularizado está repleto de **magos, ocultismo, espiritismo, astrólogos, vendedores de amuletos** y **hechizos** y, por desgracia, de **verdaderas sectas satánicas**. Expulsado por la puerta, el diablo ha vuelto a entrar, podría decirse, por la ventana. Expulsado con la fe, **vuelve a entrar con la superstición**. Y si eres supersticioso, inconscientemente estás dialogando con el diablo. Con el diablo no se dialoga. La prueba más fuerte de la existencia de Satanás no se encuentra en los pecadores ni en los posesos, sino en los santos. "¿Y cómo es esto, Padre?". Sí, es cierto que el diablo está presente y activo en ciertas formas extremas e "inhumanas" de mal y de maldad que vemos a nuestro alrededor. Sin embargo, por esta vía es prácticamente imposible llegar, en cada caso particular, a la certeza de que se trata efectivamente de él, ya que **no podemos saber con precisión dónde termina su acción y dónde comienza nuestra propia maldad.** Por eso, **la Iglesia es muy prudente y rigurosa en el ejercicio del exorcismo, ¡a diferencia de lo que ocurre, lamentablemente, en ciertas películas!** Es en la vida de los santos, precisamente ahí, donde el demonio se ve obligado a salir al descubierto, a ponerse "a contraluz". Unos más, otros menos, todos los santos y todos los grandes creyentes dan testimonio de su lucha contra esta **oscura realidad**, y no se puede suponer honestamente que todos ellos fueran unos ilusos o meras víctimas de los prejuicios de su época. **La batalla contra el espíritu del mal se gana como la ganó Jesús en el desierto**: a golpes de la palabra de Dios. Ya ven que Jesús no dialoga con el diablo, nunca lo hizo. **Lo expulsa o lo condena, pero nunca dialoga**»[76].

Por su parte, san Juan Pablo, en la carta apostólica *Dilecti Amici*, dirigida a los jóvenes de todo el mundo con ocasión del Año Internacional de la Juventud de 1985, hablaba con claridad sobre la existencia del mal y sobre la necesidad de

---

76 PAPA FRANCISCO, *Audiencia General del miércoles 25 de septiembre de 2024*, Plaza de San Pedro, Roma, 2024.

llamarlo por su nombre, no cediendo a él ni dejando que pase desapercibido: «Conviene **remontarse constantemente** *a las raíces del mal y del pecado* en la historia de la humanidad y del universo, como Cristo se remontó a estas mismas raíces en su misterio pascual de la cruz y de la resurrección. **No hay que tener miedo de llamar por su nombre** *al primer artífice del mal: al Maligno.* La táctica que él usaba y usa consiste en *no revelarse,* a fin de que el mal, sembrado por él desde el principio, reciba su desarrollo por parte del hombre, de los sistemas mismos y de las relaciones interhumanas, entre las clases y entre las naciones... para hacerse también cada vez más pecado "estructural", y dejarse identificar cada vez menos como pecado "personal". Por tanto, a fin de que el hombre se sienta en un cierto sentido **"liberado" del pecado** y al mismo tiempo esté **cada vez más sumido en él.** El Apóstol dice: "Jóvenes, sed fuertes"; *hace falta solamente que "la Palabra de Dios permanezca en vosotros".* Entonces, sed fuertes. Así podréis llegar a los **mecanismos ocultos del mal**, a sus raíces, y así conseguiréis cambiar el mundo gradualmente, transformarlo, hacerlo *más humano, más fraterno,* y al mismo tiempo, *más según Dios.* En efecto, **no se puede separar el mundo de Dios y contraponerlo a Dios en el corazón humano. Ni se puede separar al hombre de Dios y contraponerlo a Dios.** Esto sería contra la naturaleza del hombre, *contra la verdad intrínseca que constituye toda la realidad.* Verdaderamente el corazón del hombre está inquieto, hasta que no descansa en Dios. Estas palabras del gran Agustín nunca pierden su actualidad (cf. S. Agustín, *Confessiones, I, 1: CSEL* 33, 1)»[77].

En una homilía que pronunció en marzo de 1987 en una visita pastoral a la parroquia de Santa Maria ai Monti de Roma, san Juan Pablo II explicó claramente el origen del pecado, el papel de Jesucristo en la historia de la salvación y los intentos del demonio por falsificar la verdad. Creo que este texto es de suma ayuda para dar respuesta a muchos de los postulados de la Nueva Era que nos han ido apareciendo hasta ahora (en esta ocasión, mantengo las cursivas de la homilía tal como aparecen en la página vatican.va) : «Releemos una vez más *el tercer capítulo del Libro del Génesis* para convencernos de que en el origen del pecado en la historia del hombre se encuentra *el mismo Ser* que encontramos al comienzo de la misión mesiánica de Jesús de Nazaret, después del ayuno de cuarenta días. También aquí *el tentador intenta falsificar la verdad de las palabras de Dios.* Al comienzo de la historia del hombre, la esencia de la tentación se resume ante todo en esta frase: "¡No moriréis en absoluto!". Más bien, Dios sabe que *cuando comáis de él,* se abrirán vuestros ojos y seréis *como Dios en el conocimiento del bien y del mal»* (Génesis 3, 4-5). Recordemos que esta frase se refiere al árbol simbólico del conocimiento del bien y del mal, cuyo fruto Dios prohibió comer a nuestros progenitores. [...] Las palabras del tentador

---

77  S. Juan Pablo II, «Carta apostólica *Dilecti Amici*, dirigida a los jóvenes de todo el mundo con ocasión del Año Internacional de la Juventud», Roma, 31 de marzo de 1985.

contienen *una invitación a la desobediencia al Creador*. Al mismo tiempo, trata de inculcar en el alma del hombre su "no serviré". "No serviré" significa: *no acepto a Dios como fuente de la verdad y del bien en el mundo creado*. **Yo mismo quiero decidir, como Dios, sobre el bien y el mal.** Es asombrosa la profundidad de este antiguo texto del Libro del Génesis. En cierto sentido, en él se encuentra encerrado, en germen, todo lo que se puede decir sobre la esencia del pecado. Cristo viene al mundo y comienza su misión mesiánica como siervo de Yahvé. Se hace *"obediente hasta la muerte* y una muerte de cruz"* (Fil 2, 8), para *superar esa desobediencia del principio* y todas las consecuencias que ha tenido en la historia del hombre en la tierra. [...] Jesucristo, obediente hasta la muerte, es el *Redentor del mundo*. [...] Este estudio debe estar impregnado de oración. **La palabra de Dios debe ser acogida de rodillas.** Es necesario **abrir ampliamente el corazón a la verdad, para que no encuentre espacio en nosotros aquel que es "padre de la mentira"»**[78].

Esta homilía de san Juan Pablo II previene además contra la antropogénesis, la ascensión hacia el hombre como resultado final por encima de todos los seres del universo. La Nueva Era pretende que el hombre se vuelva sobre sí mismo para dejar después que su individualidad se hunda en el gran océano del Ser, entrando en comunión con el universo. Contra todo eso nos avisa san Juan Pablo II cuando dice: «"No

---

78  S. Juan Pablo II, *Homilía del 8 de marzo de 1987*, Visita pastoral a la parroquia de Santa Maria ai Monti, Roma.

serviré" significa: *no acepto a Dios como fuente de la verdad y del bien en el mundo creado.* Yo mismo quiero decidir, como Dios, sobre el bien y el mal».

El que no sirve a Dios, sirve al demonio. Jesucristo dijo: «El que no está conmigo, está contra mí»[79].

La Nueva Era busca soslayar esa radicalidad que pide Jesucristo, proponiendo ejercicios para reinventarnos a nosotros mismos. Entonces, «se plantea realmente la pregunta acerca de quién soy yo. El "Dios interior" y la unión holística con todo el cosmos subrayan esta pregunta. [...] El Movimiento por el Potencial Humano [de Huxley y el Instituto Esalen] es el ejemplo más claro de la convicción de que los seres humanos son divinos, o contienen una chispa divina dentro de sí mismos»[80]. Todo esto no es más que una manifestación de la soberbia del hombre, que se cree igual a Dios.

---

79  Mt 12, 30.
80  Consejos Pontificios, *Jesucristo, Portador…*

CAPÍTULO 4

# Un tema controvertido: el yoga

## 4.1. ¿Qué es el yoga?

El yoga es una práctica de la religión hindú diseñada para conducir a quien lo practica —varón, *yogui*; mujer, *yoguini*— al alumbramiento espiritual. «El objetivo del yoga es unir el yo transitorio (temporal), "JIVA", con el (yo eterno) infinito, "BRAHMAN", el concepto hindú de Dios, una sustancia impersonal espiritual que es uno con la naturaleza y el cosmos, que impregna, envuelve y subyace en todo. [...] Lo Divino habita dentro de cada uno a través de Su representante microcósmico —el yo individual— llamado JIVA»[81].

Según *Iyengar Yoga Sources* —Iyengar fue quien introdujo el yoga en occidente—, la palabra «yoga» proviene del sánscrito *yuj*, que significa «unir» o «yugar». En la India, el yoga se considera **una de las seis ramas de la filosofía hindú clásica** y se menciona en las antiguas escrituras indias, los Vedas. Su objetivo es alcanzar el *kaivalya*, la «libertad definitiva»,

---

81   James Manjackal MSFS, «El yoga: En la filosofía y en la práctica es incompatible con el cristianismo», publicado en Aciprensa: https://www.aciprensa.com/controversias/yoga.htm

liberando el alma de las cadenas de la causa y el efecto [karma] que atan a la persona a la reencarnación continua. El yoga utiliza ejercicios físicos, poderes de concentración y técnicas de respiración, así como la meditación, para lograr ese fin[82].

El Ministerio de Asuntos Exteriores de la India reconoce que «el yoga es esencialmente una **disciplina espiritual** basada en una ciencia extremadamente sutil que se centra en lograr la armonía entre la mente y el cuerpo... La práctica del yoga conduce a la **unión de la conciencia individual con la de la Conciencia Universal**»[83].

El yoga tiene sus raíces en los *Upanishads hindúes* (anteriores al año 1000 A. C.), que dicen sobre el yoga: «Une la luz dentro de ti con la luz de Brahman». Y los *Upanishads Chandogya* dicen: «Lo absoluto está en uno mismo», *Tat Tuam Asi* («Eso eres tú»).

En el año 150 A.C., el *yogui* Patanjali explicó las **ocho vías que guían las prácticas del yoga desde la ignorancia a la iluminación** —las ocho vías son como una escalera—. Estas son:

1. el autocontrol (*yama*);
2. práctica religiosa (*niyama*);

82　Susan Brinkmann, «The Exercise of Religion: Yoga», publicado en *Catholic Culture*: https://www.catholicculture.org/culture/library/view.cfm?recnum=8763e

83　Alexander Frank, «¿Deberían los católicos practicar yoga?», *ES. Catholic. com*: https://es.catholic.com/magazine/online-edition/should-catholics-practice-yoga

3. posturas (*asana*);
4. ejercicios de respiración (*pranayama*);
5. control de los sentidos (*pratyahara*);
6. concentración (*dharana*);
7. contemplación profunda (*dhyana*);
8. iluminación (*samadhi*).

El padre James Manjackal, un sacerdote católico de la India que se presenta diciendo de sí mismo que es un «cristiano católico nacido en el seno de una familia católica tradicional en Kerala, en la India, pero habiendo vivido entre hindúes; y ahora como religioso, sacerdote católico y predicador carismático en 60 países de los cinco continentes», asegura que «es interesante observar que **las posturas y los ejercicios de respiración** que frecuentemente son considerados en occidente **como todo el yoga, son los pasos 3 y 4 hacia la unión con Brahman**»[84]. Y añade: «El yoga no es solo un sistema elaborado de posturas y de ejercicios físicos, es una disciplina espiritual que pregona llevar el alma al *samadhi*, a la unión total con el ser divino. El *samadhi* es el estado en el que lo natural y lo divino se convierten en uno, el hombre y Dios llegan a ser uno sin ninguna diferencia. Este enfoque es radicalmente contrario al cristianismo, en donde claramente hay una distinción entre Creador y criatura, entre Dios y hombre»[85].

---

84 JAMES MANJACKAL MSFS, *El yoga…*
85 *Ibid.*

## 4.2. ¿Es posible la práctica de un yoga «cristiano»?

Hay mucha gente que piensa que el yoga es una técnica de relajación más, un conjunto de posturas o un ejercicio físico, pero incluso los propios maestros, tanto de la India como de Estados Unidos, donde lleva muchas décadas practicándose, reconocen que es mucho más que eso e insisten en que es una disciplina espiritual.

Vamos a analizar si es posible separar el aspecto espiritual del de la realización de posturas físicas.

El padre James Manjackal expone la problemática acerca de la posibilidad de un yoga cristiano: «En la mente del católico medio, ya sea laico o del clero, hay mucha confusión, pues el yoga según se promueve entre los católicos no es exclusivamente ni una disciplina relacionada con la salud ni una disciplina espiritual, sino que unas veces es una cosa, otras veces la otra, y frecuentemente una mezcla de las dos. Pero el hecho es que el yoga es principalmente una disciplina espiritual y sé que incluso hay sacerdotes y hermanas en seminarios y noviciados que aconsejan el yoga como una ayuda para la meditación y para la oración».

En la misma línea se pronuncia el profesor Subhas R. Tiwari, de la Universidad Hindú de América, experto en filosofía del yoga: «El yoga renombrado [como "yoga cristiano"] sigue siendo hindú. [...] "Cristianizar" el yoga es sospechoso, además de erróneo. [...] Este esfuerzo por separar el yoga de su molde hindú y darle otro nombre dista mucho de ser inocente. El recién acuñado "yoga cristiano" es realmente yoga. [...] El hecho simple e inmutable es que el yoga se originó en la cultura védica, o hindú. [...] Sus técnicas no fueron "adoptadas" por el hinduismo, sino que se originaron en él»[86].

El arzobispo Norberto Rivera Carrera, que fue Primado de México desde 1995 hasta 2017, en el documento *Una llamada a la vigilancia: Instrucción Pastoral sobre la Nueva Era*, expone la dificultad de unir el cristianismo con el yoga: «Los intentos de "cristianizar" prácticas que son fundamentalmente incompatibles con el cristianismo nunca tienen éxito. [...] El resultado es siempre una forma híbrida con una ligera base evangélica. [...] Por mucho que sus defensores insistan en que estas técnicas son valiosas como métodos y no implican ninguna enseñanza contraria al cristianismo, las técnicas en sí mismas... en su propio contexto, las posturas y los ejercicios, están diseñadas para un propósito religioso específico. [...] Incluso cuando se llevan a cabo en un ambiente cristiano, el significado intrínseco de estos gestos permanece intacto»[87].

Como vemos, tanto el padre Manjackal como el profesor Tiwari y monseñor Rivera coinciden en el mismo planteamiento: no es cierto que practicando yoga solo se consigan beneficios corporales, sin que la persona se vea afectada por su fundamento espiritual. ¿Por qué? Porque, aunque mucha

---

86  Susan Brinkmann, *op. cit.*
87  Mons. Norberto Rivera Carrera, «Una llamada a la vigilancia: Instrucción pastoral sobre la Nueva Era», Tenochtitlán, 7 de enero de 1996.

gente lo ignore, el yoga no trata esencialmente de relajación o de flexibilidad, sino de **utilizar medios físicos para un fin espiritual.**

Tres maestros de yoga —Silva, Mira y Shyam Mehta— reconocen en un libro titulado *Yoga: The Iyengar Way* que practicando el yoga **puede darse una alteración de los estados de conciencia**, así como **clarividencia** y otro tipo de fenómenos: «Los estados elevados de conciencia [en el yoga]... resultan en sabiduría espiritual. También brindan varios logros supranormales (*siddhis*), de acuerdo con el objetivo de la meditación. Algunos están dentro de la gama de las experiencias humanas, como la **clarividencia** y la **capacidad de leer las mentes**»[88].

Dave Fetcho, investigador ampliamente reconocido y especialista en este tema, explica que la **filosofía oriental es interdependiente con la práctica del yoga**: «El yoga físico, según su definición clásica, es intrínseca y funcionalmente incapaz de ser separado de la metafísica de las religiones orientales. El practicante occidental que intente hacer esto lo está haciendo desde la ignorancia y en peligro, tanto desde el punto de vista del yogui como desde el punto de vista cristiano»[89].

---

88  Joel S. Peters, «¿Puede un cristiano practicar yoga como disciplina corporal? Un experto habla de su fin religioso», publicado en Religión en Libertad: https://www.religionenlibertad.com/polemicas/120311/pue-de-un-cristiano-practicar-yoga-como-disciplina-corporal-un-exper-to-habla_17361.html

89  «¿Puede un cristiano hacer yoga?», publicado en *Voluntas tua*: https://voluntastua.com/puede-un-catolico-hacer-yoga/

Alexander Frank, un converso estadounidense, cuenta: «Después de años de estudiar yoga y sus sistemas asociados (*mindfulness*, budismo, chamanismo mágico), completé un retiro de formación docente, pasé tres meses en un monasterio zen y estudié con uno de los mejores directores espirituales de yoga de los Estados Unidos. A lo largo de mis estudios, y a medida que mi búsqueda espiritual finalmente me llevó a la Iglesia católica, aprendí que **el yoga es mucho más de lo que implica la cultura pop occidental**». Y explica lo que significan algunas de las posturas del yoga para determinar si son inocuas o no, y lo que representan:

1. **La postura del guerrero** en tres partes invoca al dios Virabhadra, que fue creado por otro dios, Shiva, para asesinar al suegro de Shiva. Las tres poses imitan la secuencia del asesinato.

2. **Matseyadrasana** y **Gorakshasana** llevan el nombre de los gurús hindúes que fundaron el estilo que condujo al yoga moderno. Según la leyenda de la fundación, utilizaron sus poderes ocultos para cometer robo, adulterio, fraude, violación mediante engaño, profanación de cadáveres, el asesinato del hijo de Matsyendra y travestismo.

3. Según la fundadora del Rasa yoga, Sianna Sherman, la **postura de la diosa** invoca a la diosa oscura Kali, conocida por confeccionar ropa con partes del cuerpo de enemigos asesinados[90].

90 ALEXANDER FRANK, *op. cit.*

4. Después de explicar el significado de estas posturas, Alexander Frank se cuestiona si se puede considerar que un acto (en este caso, una postura concreta de yoga) puede no tener un significado más allá de las intenciones de la persona que está realizando dicha postura. Es decir, si la persona piensa que solo es un estiramiento y nada más. Para discernir la respuesta, recurre a santo Tomás de Aquino y lo que este dice en la *Summa Theologica*: «La bondad o malicia que la acción exterior tiene por sí misma... no deriva de la voluntad, sino de la razón» (*ST* I-II, q. 20, a. 1). Y después recurre al Catecismo de la Iglesia Católica: «Las acciones tienen su propia naturaleza: la calidad del acto externo se deriva de una investigación racional más que de la intención del actor. De manera similar, el Catecismo enseña que, para que un acto sea bueno, debe tener un objeto moral bueno, que sea intrínseco a su naturaleza e independiente de la intención. "Una **buena intención... no hace que una conducta intrínsecamente desordenada sea buena o justa**" (1753)»[91]. Por tanto, llega a la conclusión de que, aunque la intención de la persona que realiza las posturas de yoga sea buena, eso no hace buenas las posturas.

Los propios yoguis señalan que las posturas del yoga son el objetivo para despertar la *kundalini*, esa energía primordial

---

91 Alexander Frank, *op. cit.*

vital representada por una serpiente enroscada en el *chakra muladhara* (situado en la base de la columna vertebral), y que llega a darse en plenitud al unirse con la conciencia (*Shivá*) y el *athma* (alma) con el Brahman. El concepto de kundalini lo comparten el yoga, el budismo, el taoísmo, el gnosticismo, el tantra y el sijismo.

El objetivo es que la kundalini ascienda a través de todos los chacras que hay en el cuerpo y termine en el chacra de la cabeza, que es el de la iluminación. Su meta final no es la salud, sino la disolución del yo con lo divino. Para ello, aúna y mezcla posturas corporales, respiración, cantos (mantra) y meditación profunda. Es a través de este conjunto de prácticas como se busca que la serpiente despierte toda esa energía dormida, y se pueda llegar a un estado parecido al éxtasis.

### 4.3. La opinión de algunos fundadores y maestros de yoga

—Bikram Choudhury, el fundador de uno de los tipos de yoga más comunes, dice claramente lo que sucede con su secuencia de posturas: «Despiertas *kundalini*. Te conviertes en Jesucristo. O Buda. Mi fórmula de yoga funciona para todos».

—BKS Iyengar, al que ya hemos citado, dice que una verdadera yoga *asana* (postura) «es aquello en lo que el pensamiento de [el dios supremo hindú] fluye sin esfuerzo e incesantemente a través de la mente del [practicante]».

—Judith Lasater, maestra de yoga, dice que «la naturaleza intrínseca del yoga es que no se pueden separar las *asanas* de otros aspectos de la práctica».

—Alexandria Crow, una destacada experta en yoga, afirma: «Las posturas son realmente un vehículo para enseñar la filosofía [del yoga]».

—Según un redactor del *Yoga Journal*, la página de internet estadounidense sobre yoga con mayor tráfico, el padre del yoga moderno, Krishnamacharya, «hizo de las posturas una parte integral de la meditación en lugar de solo un paso hacia ella».

—El padre Joseph-Marie Verlinde, que profundizó en el yoga antes de convertirse, le dijo a su entonces gurú que los occidentales practicaban yoga principalmente para relajarse. El gurú «rio furiosamente» y luego dijo: «Eso no impide que el yoga tenga su efecto».

Todas estas opiniones las recoge Alexander Frank en su artículo y vemos que los expertos en yoga también están de acuerdo en que las posturas y la filosofía del yoga confluyen y no se pueden separar.

Los propios hinduistas y personas no cristianas reconocen que todo esto reviste un peligro al darle un enfoque equivocado y realizar una práctica reiterada. En psicología, existe un término llamado *síndrome kundalini* para referirse a una serie de síntomas relacionados con la activación y subida de la energía en las personas que practican este tipo de yoga, entre los que se incluyen la ansiedad extrema, la hipersensibilidad y el insomnio crónico. En la India, este síndrome estaba normalizado y aparentemente solo se presentaban casos allí, pero con la proliferación de esta práctica por todo el mundo, los síntomas se han generalizado en muchos países. Los gurúes y maestros advierten previamente de los daños que puede causar esta práctica en el sistema nervioso de por vida. Hay expertos que desaconsejan practicar a la vez el yoga kundalini y el reiki, precisamente por la generación y el choque de energías brutales que se dan en ambas prácticas.

El yoga se basa en la creencia de que el poder reside en el interior de cada persona, y en que cada individuo tiene la capacidad de despertar ese poder en sí mismo y ascender a lo más alto a través de la conciencia. Es todo lo contrario a la fe cristiana, por la que creemos que el poder viene únicamente de Dios, y que es Dios quien desciende al hombre, y no al revés.

La contradicción que existe entre la kundalini y la fe cristiana radica en cosas tan importantes como que en el yoga el yo es una ilusión, y el cuerpo, un canal energético. En el cristianismo, el cuerpo es templo y el yo se acepta y se ama, y es parte del ser.

## 4.4. Los riesgos de practicar yoga

De nuevo acudimos al padre Manjackal, que continúa ofreciendo argumentos acerca de la (in)compatibilidad del yoga con el cristianismo: «Esto no es una cuestión de aceptar la cultura de otro pueblo, es una cuestión de aceptar otra religión que es irrelevante para nuestra religión y de conceptos religiosos heréticos. Es una pena que el yoga se haya expandido tan frenéticamente desde los jardines de infancia hasta todo tipo de instituciones de medicina, psicología, etc., llamándose a sí mismo ciencia cuando no lo es en absoluto; y se está vendiendo bajo la etiqueta de "terapia de relajación", "autohipnosis", "visualización creativa", "*centering*", etc. El *hatha yoga*, que está ampliamente difundido en Europa y en América como método de relajación y como ejercicio no agotador, es uno de los seis sistemas reconocidos del hinduismo ortodoxo, en su origen es religioso y místico, y es la forma más peligrosa de yoga (Dave Hunt, *The Seduction of Christianity*, página 110)»[92].

La filosofía y la práctica del yoga están basadas en la creencia de que el hombre y Dios son uno. Se enseña a poner el énfasis en uno mismo en lugar de en el Único y Verdadero Dios.

Por último, el padre Manjackal propone una reflexión que creo que sirve para zanjar este tema: «Yo creo que estas dudas y confusiones, la apostasía e infidelidad, la frialdad religiosa y la indiferencia han llegado a Europa a partir de que fueron introducidas en occidente la mística y las meditaciones orientales, las prácticas esotéricas y las de la Nueva Era. En mis retiros carismáticos, la mayoría de los participantes vienen con diferentes problemas morales, espirituales, físicos

---

92 JAMES MANJACKAL MSFS, *op. cit.*

o psíquicos para ser liberados y sanados y para recibir una nueva vida mediante la fuerza del Espíritu Santo. Con toda la sinceridad de mi corazón, puedo decir que **entre el 80 y el 90% de los participantes han estado en el yoga, el reiki, la reencarnación, etc., que son prácticas religiosas orientales. Allí han perdido la fe en Jesucristo y en la Iglesia.** En Croacia, Bosnia, Alemania, Austria e Italia he tenido casos claros en los que individuos poseídos por el poder de la oscuridad gritaban: "¡Yo soy Reiki!", "¡Yo soy el Sr. Yoga!". Ellos mismos se identificaban con estos conceptos como si fueran personas mientras yo dirigía una oración de sanación por ellos. Posteriormente, tuve que hacer una oración de liberación sobre ellos para liberarles de la posesión del maligno. Hay personas que dicen: "No hay nada de malo en la práctica de estos ejercicios, basta con no creer en la filosofía que hay detrás". Sin embargo, los promotores del yoga, reiki, etc., afirman claramente que la filosofía y la práctica son inseparables. Por eso un cristiano no puede en ningún caso aceptar la filosofía y la práctica del yoga, ya que el cristianismo y el yoga son dos puntos de vista que se excluyen mutuamente. [...] A diferencia del yoga, el cristianismo ve la redención como un regalo gratuito que solo puede ser recibido y nunca ganado o alcanzado a través del propio esfuerzo o con obras. Lo que se necesita hoy en Europa y en muchos sitios es la proclamación enérgica del mensaje de Cristo que viene de la Biblia y que es interpretado por la Iglesia para evitar dudas y confusiones que se difunden en occidente entre muchos cristianos, y llevarlos al Camino, la Verdad y la Vida: Jesucristo. Solo la verdad puede hacernos libres»[93].

---

93  James Manjackal MSFS, *op. cit.*

# CAPÍTULO 5

# Ejemplos de la influencia de la Nueva Era en la cultura: la música y el cine

## 5.1. La relación de la música y el ritmo con el esoterismo

Se dice que la música es un lenguaje universal que no necesita de palabras que lo expliquen, que derriba fronteras y ayuda a la conexión a través de las emociones en todos los ámbitos culturales. También se ha dicho que la música proviene de lo alto y que es una expresión que va más allá de los sentidos.

Desde muy antiguo, a la música se le asociaron atributos curativos y mágicos a través de rituales y ceremonias. El dominio del sonido daba cierto poder y control sobre los demás. En determinadas comunidades y culturas, la magia y el poder atribuidos a la música se establecieron por medio de chamanes y gurús, con el propósito de conectar con el más allá y el mundo de los espíritus.

El mundo de la ciencia no ha sido ajeno a esto. Johannes Kepler (1571-1630) atribuyó a cada uno de los planetas del sistema solar una melodía. Kepler basó sus teorías en las órbitas planetarias, según su cercanía o lejanía al sol (perihelio y afelio). Martin Mersenne (1588-1648), jesuita, creía que Dios había plasmado una armonía musical y principios armónicos en la creación. Pitágoras creía que el universo es matemáticas y música y postuló la «Música de las Esferas», que explica que los planetas producen una melodía que no es captada por el oído humano. Compara el universo con una gran orquesta, donde los astros son cuerdas que emiten sonidos según el movimiento que describen. Para los pitagóricos, la música era capaz de sanar el alma y el cuerpo, purificándolos a través de determinados sonidos.

A la música también se la ha asociado con el esoterismo y el ocultismo. En el siglo XX, Marius Schneider (1903-1982), musicólogo y etnólogo alemán, especialista en música primitiva, ritual y simbólica, defiende que la música nace como un lenguaje simbólico y está integrada en rituales, mitos y danzas sagradas. El sonido organiza ese simbolismo, no solo la parte emocional. Los ritmos, dice, imitan ciclos cósmicos como los solares o los lunares, y los intervalos representan fuerzas naturales y principios cósmicos. Schneider habla del poder de la música y dice que esta puede reforzar estados de conciencia y estructurar la psique para inducir a trances colectivos. También plantea que la música crea vibraciones mentales y físicas, lo que subraya su poder sanador y sirve para despertar el yo superior.

En los rituales chamánicos, la música se usa para llevar a las personas a un trance y lograr alcanzar un estado alterado de conciencia. Se utilizan ritmos que van acelerando en velocidad y ritmo, y también se recurre a la palabra cantada, con repeticiones continuas como medio para entrar en contacto con la naturaleza y el mundo espiritual. Este tipo de ritual con música y tambores tiene su origen en África, en la etnia yoruba, en Sierra Leona. Se parece a la santería practicada en Cuba, un sincretismo entre catolicismo y paganismo, donde hay adoración a distintos dioses y santos, mezclando la tradición africana con el cristianismo. Los yorubas creen en la reencarnación y tienen culto por los antepasados. La religión yoruba se unió a otras creencias y desembocó en ritos como el candomblé en Brasil, la macumba y la santería en Cuba. En la práctica, todas ellas tienen los mismos fines: las danzas y rituales buscan el éxtasis espiritual y mental para contactar con el más allá.

El vudú, otra creencia en la que hay invocaciones espirituales, es originario de Haití, pero proviene directamente del yoruba. Quien lo ejerce dice estar poseído por un espíritu superior, con el que busca conectar a través de la música, tambores, cantos y ritmos asociados con el cuerpo para encontrar la energía vital, localizada en la base de la columna vertebral, y que se acentúa con el baile.

El propósito de conectar con el más allá a través de la música sigue vigente y se usa también para realizar pactos satánicos. Robert Schumann (1810-1856) afirmaba en un escrito que la música era el medio para entrar en comunicación con el más allá. Usaba un método llamado «mesas parlantes», que consistía en una invocación espiritista, donde un espíritu movía la mesa y, al golpear el suelo con las patas, establecía un contacto con el médium, quien descifraba el mensaje. En otro escrito, Schumann afirmaba que a través de una de las mesas pudo saber el pulso (latido constante y regular que divide el tiempo musical en partes iguales, como el tictac de un reloj), al que debía interpretarse la *Quinta Sinfonía* de Beethoven, y que este había hecho presencia para dictárselo.

Schumann creía que parte de su música había sido dictada por espíritus asociados con ángeles, como escribió su esposa, Clara Schumann, en su *Diario*: «Robert volvió a levantarse de la cama y escribió un tema que, según él, le habían dictado los ángeles. [...] Después, en la cama, prosiguió con los ojos abiertos mirando hacia lugares donde decía ver espíritus y ángeles que le transmitían una música sublime». Curiosamente, su última obra se denomina *Variaciones fantasma*, y según él, le había sido dictada por Schubert y Mendelssohn.

Otro caso muy llamativo y que tuvo mucha repercusión en su día fue el de Rosemary Brown (1916-2001), compositora, pianista y médium espiritual. Afirmaba que las obras que componía se las dictaban compositores como Claude Debussy, Franz Liszt, Edvard Grieg, Igor Stravinsky, Johann S. Bach, Ludwig V. Beethoven y otros. Según ella, su primer contacto espiritual fue a los siete años, cuando un hombre con una especie de sotana negra y pelo blanco se le apareció y le dijo que sería una gran compositora y una artista relevante. Ella no supo identificarlo. Años después, descubrió que se trataba de Franz Liszt. Estudió solo tres años de piano, hasta que volvió a aparecer la figura de Liszt y le dictó una obra para ser compuesta. Brown experimentó una serie de canalizaciones y entró en contacto con el espíritu de Schubert, quien supuestamente le dictó doce canciones; con el de Chopin, que le dictó una fantasía-impromptu y dos sonatas; y con el de Beethoven, que le dictó una sinfonía.

Dentro del campo de la música, hubo quien afirmó que sus obras eran genuinas y se correspondían con lo que Brown había compuesto en uno de sus trances. Eran obras complejas y tenían una semejanza con las de los compositores que supuestamente asesoraban espiritualmente a Brown.

De acuerdo con el músico y compositor inglés Rodney Bennett, la forma de componer y tocar de Brown requería de una altísima formación musical, y aseguraba que él mismo era incapaz de hacerlo.

Respecto a la relación de la música con lo satánico, hay muchos ejemplos a lo largo de la historia. En el siglo XVIII, el compositor y violinista Giuseppe Tartini (1672-1770) creía que le había sido encomendada la misión de descubrir los secretos de armonía musical dados por Dios. Se cuenta que Tartini asistió en 1712 a un concierto en Venecia de Francesco Veracini y quedó tan impresionado que empezó a practicar el violín durante horas y horas. Tartini le contó a un amigo suyo, el astrónomo francés Lalande, que el diablo se le había aparecido en un sueño y había tomado su violín, y había interpretado una música impresionante. El diablo le ofreció ser su sirviente y Tartini desafió al demonio a tocar con su violín una melodía.

Tartini narra esta historia en el libro *Voyage d'un François en Italie* de Jerôme Lalande: «Una noche, en el año 1713, soñé que había hecho un pacto con el diablo a cambio de mi alma. Todo salió como yo deseaba: mi nuevo sirviente anticipó todos mis deseos. Entre otras cosas, le di mi violín para ver si podía tocar. ¡Cuán grande fue mi asombro al oír una sonata tan maravillosa y tan hermosa, interpretada con tanto arte e inteligencia, como nunca había pensado ni en mis más intrépidos sueños! Me sentí extasiado, transportado, encantado: mi respiración falló, y desperté. Inmediatamente tomé mi violín con el fin de retener, al menos una parte, la impresión de mi sueño. ¡En vano! La música que yo en ese momento compuse es sin duda la mejor que he escrito, y todavía la llamo el "Trino del diablo", pero la diferencia entre ella y aquella que me conmovió es tan grande que habría destruido mi instrumento y habría dicho adiós a la música para siempre si hubiera tenido que vivir sin el goce que me ofrece»[94].

Posteriormente, Tartini compuso *Sonata en sol menor* (op. 1, n. 4), una obra compleja musicalmente, donde el intérprete debe tocar dos voces musicales ascendentes, y la superior tiene que hacer un trino constante, llamado precisamente «el

---

94 https://www.eldebate.com/historia/20231004/sueno-inspiro-obra-maestra-compositor-giuseppe-tartini_143973.html

trino del diablo», que es por lo que se conoce a este violinista y compositor.

Actualmente, hay pistas que pueden hacer sospechar que determinados artistas tienen —o han tenido— una cercanía con el demonio o un gusto por los elementos satánicos, como es el caso del rapero Travis Scott, que utiliza en sus conciertos simbología esotérica explícita. Su música está a un volumen extremo y en ella hay una clara incitación al caos, pérdida de límites físicos, violencia y desorden emocional. Anima a perder el control y a enloquecer. Usa cruces invertidas y una simbología ocultista claramente anticristiana. En 2021, en un festival creado por Scott llamado Astroworld, y celebrado en Houston, se produjeron acontecimientos relacionados con un ritual ocultista. Uno de los temas, *Highest Room*, incluye una frase que dice: *See you on the other side* («Os veo al otro lado»). Se usaron llamas en el escenario y había una calavera cuya boca abierta hacía de puerta de entrada. En la decoración, figuras de demonios y símbolos esotéricos y ocultistas hacían alusión a los *Illuminati*, y el propio escenario era una cruz invertida. Durante el festival, se produjo una estampida y hubo diez muertos por una avalancha. Mientras esto sucedía, el rapero siguió cantando.

Ace Frehley, exintegrante del grupo Kiss, grupo de rock de los años 80, dijo sobre lo sucedido en Astroworld: «Al respecto de lo que sucedió en Houston, ¡nuestras oraciones están con todas las familias que perdieron a sus seres queridos en el concierto! ¡Parece que fue un ritual satánico que salió mal! ¡Pagarán en el infierno por todos los que dejaron morir a esos críos! Todas las personas, de todos los credos y religiones, deberían unirse para evitar que esto vuela a suceder en Estados Unidos».

Recientemente, las autoridades egipcias prohibieron a Scott hacer un concierto en las pirámides de Guiza, acusándole de realizar ritos satánicos en sus conciertos.

### 5.2. Los Rolling Stones y Black Sabbath, letras explícitas y sucesos extraños

Los Rolling Stones y Black Sabbath son dos de los grupos más icónicos del rock. Entre los años 60 y 70, los Rolling Stones atravesaron una etapa de transgresión y coqueteos con el satanismo y el consumo de drogas. En uno de sus discos más conocidos, *Their Satanic Majesties Request* («La petición de sus satánicas majestades»*, 1967), aparecían vestidos de magos. Y una de sus canciones más conocidas, del disco *Beggars Banquet* (1968), se titula «Sympathy for the Devil» («Simpatía/ Compasión por el diablo»).

La relación de los Rolling Stones con el ocultismo la propiciaron dos mujeres, Marianne Faithfull y Anita Pallenberg. Esta última era cercana a la brujería y fue la responsable de la imagen enigmática del grupo en esta etapa. Pallenberg fue la que inició a Brian Jones, fundador del grupo, en el ocultismo y la brujería.

A través del cineasta Kenneth Anger, el grupo se acercó a la obra de Crowley. Anger hizo una película sobre Crowley y sus rituales satánicos titulada *Inauguration of the Pleasure Dome* («Inauguración de la cúpula del placer», 1966), y otra llamada *Lucifer Rising* («El ascenso de Lucifer», 1965). En el cortometraje *Invocation of my Demon Brother* («Invocación a mi hermano demonio», en Latinoamérica «Invocación a mi demonio guardián»), de 1969), Mick Jagger compuso la banda sonora usando un sintetizador. Fue filmada en San Francisco. Hay una escena en la que se celebra públicamente la ceremonia fúnebre satánica de un gato. En el ritual aparece también Anton LaVey, el fundador de la Iglesia de Satán.

Asimismo, se rueda una película, *Performance*, que incluso los críticos cinematográficos —por no hablar del público general— calificaron como cercana al lado oscuro y violento, llena de promiscuidad, drogas y alienación. Uno de los temas recurrentes era la ilusión del yo, influencia de Borges. En su perfil dentro del cine experimental, mezclaba el thriller psicológico, la ópera rock, el ácido y lo psicodélico, borrando los límites entre la realidad y su representación.

Como dato curioso, varias parejas o mujeres relacionadas con Mick Jagger han intentado suicidarse, y algunas incluso llegaron a hacerlo. La primera fue la modelo británica Chrissie Shrimpton, quien en los años 60 intentó quitarse la vida tras terminar su noviazgo con el artista, que en ese momento comenzaba a ser considerado una superestrella. En 1969, Marianne Faithfull, su pareja de entonces, intentó acabar con su propia vida con una sobredosis de sedantes al terminarse la relación después de que ella tuviera un aborto.

Poco después (o a la vez) llegó Marsha Hunt, con la que Mick Jagger mantuvo un breve romance, y con la que tuvo un hijo en 1970. Marsha se intentó cortar las venas después de que Jagger se negara a reconocer al niño. La modelo Carla Bruni también mantuvo un corto idilio con él, que acabaría en otro intento de suicidio por parte de ella. Años más tarde, en 2014, se suicidó L'Wren Scott, que desde el 2001 y hasta el día de su muerte fue la compañera sentimental del cantante.

No podemos afirmar con seguridad que los Rolling Stones hayan realizado un pacto satánico, que es lo que se comenta desde hace años, básicamente porque nadie puede corroborarlo como testigo. Sin embargo, sí es cierto que la apología del ocultismo y el satanismo del grupo es más que evidente.

Black Sabbath, una banda británica de *heavy metal* y *hard rock* formada en 1968, compuso desde el principio letras sobre ocultismo y terror, e incluso usaron guitarras afinadas con tonos más graves a propósito. Eran evidentes las alusiones al satanismo y a Lucifer, además de la simbología anticristiana.

En la dedicatoria de su disco *Reflections* podía leerse: «Y tú, hombre loco, que tienes este LP en tus manos, has de saber que con ello has vendido tu alma, ya que pronto serás atrapado por este ritmo infernal y por la fuerza diabólica de esta música».

El líder de la banda manifestó en alguna ocasión que había escrito todas las canciones en estado de trance. Geezer Butler, integrante y guitarra del grupo, contaba que el nombre del grupo surgió a raíz de la lectura de un libro de magia negra y tras ver una película de terror llamada *Black Sabbath*. La letra de la canción que da el nombre al grupo habla claramente de un pacto satánico. Butler afirmaba también que en el grupo había un quinto miembro, una especie de energía externa relacionada con un poder superior, que era la inspiradora de todo lo que sucedía en Black Sabbath.

La primera vez que Black Sabbath visitó Estados Unidos, tocaron en una fiesta organizada por Anton LaVey en la iglesia de Satán. En 1975, Ozzy Osbourne declaró a la revista *Hit Parader* lo siguiente: «Realmente deseo saber la razón por la que he hecho algunas de las cosas que he hecho en los últimos años. Me parece que soy un medio para un poder exterior. Espero no serlo de quien me imagino: Satanás. Hay un poder sobrenatural que me utiliza para escribir el rock'n'roll. Espero que este poder no sea el del diablo, Satanás». Una noche, Osbourne intentó matar a su esposa, preso de la ira y de la mezcla de alcohol con barbitúricos. Al día siguiente no recordaba nada.

### 5.3. El testimonio de Shane Lynch, de Boyzone, acerca de la música actual

En *Premier Christianity*, una revista cristiana evangélica líder en Reino Unido, la periodista Megan Cornwell entrevistó en septiembre de 2023 a Shane Lynch, cantante de Boyzone, un quinteto irlandés de pop, con motivo de la publicación de su autobiografía[95].

---

95 https://www.premierchristianity.com/features/boyzones-shane-ly-

Lynch cuenta que se metió en el ocultismo a una temprana edad. Durante el lanzamiento de su primer disco, y siendo los miembros de la banda Boyzone muy jóvenes, cuenta Lynch que acudieron a una fiesta de Halloween celebrada en una gran mansión. En realidad, era una fiesta demoniaca en la que participaron los integrantes del grupo junto a miembros de la discográfica, periodistas y muchos famosos. Desde entonces, Lynch se enganchó a la ouija, las sesiones espiritistas, la lectura del tarot, etc.

Lynch dice sobre el panorama musical lo siguiente: «No toda la música es mala, pero la mayoría está [diseñada] para alejarte de Cristo, al cien por cien». Cornwell le pregunta entonces si se refiere a las letras o a los grandes nombres de la industria, y él responde: «Ambos. Las letras y los grandes nombres. He estado en salas, en lo más alto, donde se ora demoníacamente por los álbumes. Se ora demoníacamente por la música que sale en las emisoras de radio, al público. Cuando ves eso, da miedo». Cornwell le pide que especifique lo de orar al demonio: «Rituales, ceremonias, todo para dar luz al diablo, a Satanás. Es una industria musical satánica». Aclara Lynch que no eran álbumes de Boyzone, y que no toda la música es así, pero mucha sí. Y cita algunos ejemplos: «Si observas la industria actual, desde Sam Smith hasta Doja Cat y Beyoncé, son tan demoníacos que es increíble. Y lo tenemos delante. Pensamos: "Solo es música", pero en realidad no lo es. Se está apoderando del mundo, de nuestros hijos

---

nch-the-music-industry-is-satanic/16349.article

y de todo». Cornwell pregunta: «¿Te refieres a los mensajes de esas canciones?». La respuesta de Lynch no deja lugar a dudas: «Sí, mensajes, y la glorificación de Satanás. Eso es lo que hacen: glorificar a Satanás».

La periodista entonces indaga sobre un tema que explica Lynch en su autobiografía: la actividad demoniaca en su propia vida, que se tradujo en estar encerrado en su cuerpo y tener demonios respirándole en el oído, camas levitando, etc. Y Lynch reconoce que llegó a Dios al ver que existía el mal: «Conocía la oscuridad tan bien, sabía que [los demonios] eran reales, andaba con ellos». Entonces hizo el siguiente razonamiento: «Si tú eres real, seguro que Dios es real» (a Satanás). Y añade: «Y así fue como salí de donde estaba». La lucha espiritual fue muy fuerte: «Creo que la tensión entre los dos reinos espirituales se intensificó, y las visitas aumentaron, al igual que el momento de las visitas. [...] Me refiero a espíritus que aparecen visualmente en mi habitación. Y el tormento y la tortura, la molestia mental —el castañeteo de dientes mientras hablan en el infierno, si se le puede llamar así— es muy real. Se convirtió en una batalla espiritual para mí. Por suerte, sabía lo que era correcto y sabía que tenía un camino más fuerte en Cristo. Aunque aún no había nacido de nuevo, sabía que necesitaba ir por ese camino».

Pero Lynch asegura que no todo cambió de golpe cuando decidió entregar su vida a Cristo: «No es que las cosas cambiaran, es que tienes que cambiar tú. Creo que esa es la confusión de mucha gente. Creen que hay un cambio [al convertirse al cristianismo]: "Ahora soy diferente". No. Ese es tu comienzo, ese es tu camino, ese es tu nacimiento, así es como vas a dar los pasos para estar bien, para ser mejor, para ser más como Cristo. Sigues siendo tú, por supuesto, pero ahora lo que llevas dentro —la capacidad de cambiar— es muy diferente. **Tienes a Cristo de tu lado, al Espíritu Santo de tu lado**, así que solo tienes que empezar a sintonizar con eso».

## 5.4. ¿Cuestión de marketing o algo más?

Hay cantantes que usan símbolos ocultistas o esotéricos y no se sabe muy bien hasta qué punto es cuestión de marketing y, en caso de que así sea, por qué los que los diseñan escogen precisamente esos símbolos, ya sea para escenarios, portadas de discos o videoclips. ¿Cuál es la intención de poner un pentagrama o de disfrazar al cantante con una máscara con cuernos, como si fuera un demonio? ¿O de usar el ojo de Horus, o el ojo que todo lo ve, o una cruz invertida? ¿Hay un significado más allá?

En cualquier caso, está claro que la relativización del mal y del ocultismo es una estrategia que parece funcionar. ¿Por qué emplear el ojo de Horus —lo han usado Beyoncé, Lady Gaga o Rihanna, por citar algunos ejemplos— como reclamo para atraer a los fans? Procede del Antiguo Egipto, se llama Udyat y está asociado al dios Horus. Representa protección, sanación, equilibrio y orden espiritual. Era uno de los amuletos más poderosos en Egipto y así se sigue considerando hoy en el mundo ocultista. Su significado real tiene que ver con la guía de los muertos hacia el más allá. En la mitología egipcia, se narra que Horus perdió un ojo en una batalla contra Seth. Seth destrozó el ojo en varios pedazos. Era el izquierdo y representaba la luna; y el derecho, el sol.

Hay quien lo relaciona con el «ojo que todo lo ve», que data del siglo XVIII y XIX, y está asociado a la masonería. El ojo que todo lo ve se representa dentro de un triángulo o pirámide para ponerlo en conexión con la geometría sagrada. Su significado es el conocimiento total y la vigilancia. La suma de los dos ojos, el de Horus y el ojo que todo lo ve o masónico, da como resultado un símbolo de poder oculto, asociado a una conciencia superior, a la iluminación y al despertar espiritual. El propósito, por lo general, es sustituir a Dios por conciencia, enaltecer el control, y reforzar la idea de que hay unos elegidos que ven más allá. Aunque se podría decir que no es satánico como tal, es uno de los signos más utilizados del ocultismo, que da poder y conocimiento, permite la espiritualidad sin necesidad de Dios, ver sin amar y conocer sin obedecer. Por lo general, el triángulo se usa como símbolo relacionado con el más allá y el mundo espiritual. Algunos cantantes actuales lo usan haciendo un triángulo con la mano, que sitúan en uno de sus ojos —por lo general, el izquierdo—.

Otro símbolo es la cruz invertida, usada en sus conciertos por Madonna, Sam Smith y Marilyn Manson, entre otros.

Baphomet es otro símbolo de tinte ocultista y satánico en puestas en escena de conciertos y carátulas de discos de Lady Gaga, por ejemplo. Tiene una forma humanoide, mitad cabra mitad humano, con rasgos femeninos y masculinos. La imagen también incluye un pentagrama o estrella de cinco puntas, y su llegada a Europa fue atribuida a los caballeros templarios tras su regreso de las cruzadas. Su uso como símbolo satánico data de 1861 y quien lo promovió fue el ocultista Eliphas Levi, quien combinó diversa iconografía, la figura templaria, Satanás, el dios de la fertilidad de Mendes en forma de cabra, Egipto, la cabra que adoraban las brujas en los Sabbaths o fiestas paganas... Según Levi, el nombre de Baphomet proviene de leer al revés: «El padre del templo de la paz universal entre los hombres». En 1969, Anton LaVey adopta la figura junto al pentagrama en un círculo como representación de la Iglesia de Satán. Crowley la definió como el andrógino divino. Bajo esta representación, Crowley negaba el pecado original, y afirmaba que Satanás había traído sabiduría al mundo. La figura es satánica, qué duda cabe, y antibíblica. Es una exaltación del adversario, que trae sabiduría y poder a quien le adore. Esta especie de amuleto es un engaño asociado con lo satánico que usan muchos artistas en sus conciertos y vídeos.

Otro elemento usado es el fuego. No es que el fuego sea satánico —en el cristianismo es signo de purificación y transformación—, pero a veces se usa en las actuaciones como llamada al caos o para darles un sentido de ritual asociado con lo oculto.

La serpiente, asociada con lo sexual y el poder, es otro de los símbolos frecuentes en conciertos, videoclips y carátulas de discos. Este animal es descrito en la Biblia como representación de Satanás, y es la muestra del poder que tiene el demonio para el engaño. Su uso está ampliamente extendido.

La sangre, que es usada como un símbolo de muerte y sacrificio, es otro signo que se emplea para dar un significado contrario a la vida, y como transgresión, incitando al caos y a lo violento. Una muestra de esto es una puesta en escena de la canción «Cuidado por ahí» del reguetonero colombiano J Balvin, quien canta al lado de Bad Bunny. Hace una mezcla de símbolos, recurriendo a la sangre, a elementos sagrados como la Virgen de Guadalupe, sacrificios, cruces invertidas y elementos satánicos.

Tampoco debemos olvidar el *backmasking*, que consiste en grabar sonidos al revés sobre una pista musical diseñada para ser tocada hacia delante, de manera que solo son comprensibles si se reproduce al revés.

Los Beatles fueron los responsables de popularizar este concepto. John Lennon, que en esa época estaba habituado al cannabis, escribió la canción *Rain* para que fuera grabada totalmente al revés, pero no se lo permitieron y finalmente solo quedó al revés el verso final. En la canción *Revolution 9*, se repite «Number nine, number nine, number nine...» (número nueve, número nueve...) lo que presuntamente dice a la inversa: *Turn me on dead man, turn me on dead man..."* («Excítame hombre muerto, excítame hombre muerto...»).

El caso más famoso quizá sea el de la canción de los años 70 *Stairway to Heaven* de Led Zeppelin, en la que, al reproducirla al revés, se escucha: *Here's to my sweet Satan...* («Por mi dulce Satán»), y empieza un mensaje completamente satánico, todo ello supuestamente diseñado para establecer una relación entre el rock y el satanismo.

### 5.5. El cine y el ocultismo

El uso de lo esotérico no se circunscribe exclusivamente al mundo de la música. De Walt Disney se ha llegado a decir que, en su empeño por mostrar la magia, recurría a elementos ocultistas en las películas. La polémica está servida. Tampoco es cuestión de empezar ahora a ver en todo mensajes subliminales, pero quienes aseguran que en las películas de Disney hay símbolos esotéricos, ponen bastantes ejemplos. Yo aquí me limitaré a citar algunos, para que el lector, si lo desea, saque sus propias conclusiones.

Vaya por delante que considero que Walt Disney fue un artista genial y dotado de un gran talento, pero también estoy de acuerdo con los que alegan que un niño no debería tener cercanía con lo ocultista ni con elementos que le pueden producir miedo e inseguridad. Llama la atención el recurso tan frecuente a lo fantasmagórico y a la hechicería.

Una de las escenas de la película *Fantasía* (1940) se desarrolla en un monte siniestro y oscuro. La música que suena en ese momento es el poema sinfónico *La noche de san Juan en el Monte Pelado*, del compositor ruso Modest Músorgski. Se trata de un campesino que presencia un aquelarre durante la noche de san Juan en dicho monte. En la obra de Músorgski hay diferentes fases: rumores de voces sobrenaturales, aparición de Chernobog (Satanás), glorificación de Chernobog y misa negra, aquelarre de brujas y amanecer. Así lo indicó al comienzo de la partitura el propio compositor ruso. Satanás (Chernobog) cubre con su sombra toda una ciudad, para realizar y convocar una reunión de tinte satánico. Es una noche orgiástica y una alabanza al mal donde el demonio despliega todo su poder y dominio sobre lo humano. Evidencia el mal en grado sumo y cómo el dominio de las tinieblas parece obtener el triunfo sobre todo lo que le rodea.

No sabemos cuál fue la intención de Walt Disney y no entramos en juicios, pero no deja de ser un espectáculo bastante tenebroso, sobre todo para que un niño lo vea sin perturbarse y sin que le cause inquietud.

En *Blancanieves*, del año 1958, Maléfica, que es la bruja que maldice a Blancanieves, tiene un aspecto terrorífico y una risa diabólica. Se puede considerar como el personaje más malvado creado por Disney. Su propósito es destruir, movida por el odio y la envidia. El cuervo que acompaña a Maléfica, y que ejerce como su espía y mensajero, se llama «Diablo», y ella le denomina «fiel amigo». Y no hay duda de cuál es la verdadera identidad de Maléfica cuando se transforma en dragón para destruir al príncipe.

Otro tema recurrente en las películas de la productora Disney (1995) es el panteísmo. En la película *Pocahontas*, por ejemplo, su abuela se reencarna en un árbol, y le aconseja que haga caso de los espíritus. Se escucha a Pocahontas preguntar: «Abuela árbol, ¿cuál es el camino? ¿Cómo voy a encontrarlo?». La abuela-árbol le responde: «A tu alrededor hay espíritus. Viven en la tierra, en el agua, en el cielo. Si los escuchas, ellos te guiarán».

Lo que no narra la productora es que Pocahontas se convirtió al cristianismo y se cree que su tumba se encuentra en Kent (Inglaterra), en la parroquia de San Jorge.

El de Disney es solo un ejemplo. La industria del cine lleva muchos años haciendo películas que abordan temas de experiencias de contacto con los muertos, sucesos paranormales, esotéricos, ocultistas e incluso satánicos. Muchos de los títulos son ampliamente conocidos: *La semilla del diablo* (1968), *El exorcista* (1973), *La profecía* (1976), *El resplandor* (1980), *Los otros* (2001)...

Pero sin remontarnos tanto tiempo atrás, si miramos la cartelera y las principales plataformas de *streaming* (Netflix, Prime Video, Max, Apple TV...) durante los últimos 15 años, encontraremos que hay una oferta amplísima de lo que muchos denominan cine de terror. He hecho la prueba de forma rápida y no exhaustiva, y traigo aquí los resultados:

—**Neopaganismo, rituales y sucesos paranormales:** *El ritual* (2017), *Midsommar* (2019), *The Midnight Club* (2022).

—**Espíritus, posesiones,** *poltergeist,* **pactos con entidades (demoniacas):** *Ojos estrellados* (2014), *Así en la tierra como en el infierno* (2014), *Suspiria* (2018), *Paranormal* (2020), *Todo por Jackson* (2020), *El otro lado* (2023), *The Surrender* (2025), *Amulet* (2020), *Arrástrame al infierno* (2009).

—**Magia negra, brujería:** *Pyewacket* (2017), *La reina de la magia negra* (2019), *Hellbender* (2019), *The Old Ways* (2020), *El hechizo* (2020), *Exhuma* (2023).

Obviamente, hay muchísimas más, pero mi propósito no es proporcionar una lista completa, sino ver cómo la industria del cine y del entretenimiento saca rédito de este tipo de contenidos. Y me gustaría dejar aquí una pregunta abierta: ¿por qué?

Como cierre de este capítulo, vuelvo a traer a colación estas palabras del papa Francisco que hemos citado con anterioridad: «Por eso, la Iglesia es muy prudente y rigurosa en el ejercicio del exorcismo, ¡a diferencia de lo que ocurre, lamentablemente, en ciertas películas!».

# Conclusión

## El rechazo a la fe cristiana y el auge de nuevas espiritualidades

El espíritu va más allá de la mente y del cuerpo y se abre a la trascendencia del ser humano y a su ser inmortal. Una vez que nacemos, existimos para siempre. Eso es lo que nos motiva a actuar en este mundo, tanto para la realización del bien como para la perpetración del mal.

Durante más de veinte siglos, el cristianismo ha defendido que la dignidad intrínseca de todo ser humano le viene dada por ser hijo de Dios y estar hecho a su imagen y semejanza. Y el amor a Dios, a los demás y a uno mismo es el mandamiento principal.

Al comienzo de la Biblia, en el libro del Génesis se puede leer: «Dijo Dios: "Hagamos al hombre a nuestra imagen y semejanza; que domine los peces del mar, las aves del cielo, los ganados y los reptiles de la tierra". Y creó Dios al hombre a su imagen, a imagen de Dios lo creó, varón y mujer los creó. Dios los bendijo; y les dijo Dios: "Sed fecundos y multiplicaos, llenad la tierra y sometedla; dominad los peces del mar, las aves del cielo y todos los animales que se mueven sobre la tierra"»[96].

Como vemos, la Biblia no dice que Dios nos creó iguales a Él, ni con el poder de saberlo todo, ni de tener conocimiento absoluto. Dios dijo a Adán y Eva: «Llenad la tierra y dominadla», y el Génesis describe qué cosas naturales debe dominar el hombre según el mandato de Dios.

Pero Adán y Eva sucumbieron a la tentación y cayeron en el pecado de querer ir más allá de lo permitido, en su deseo de ser como Dios. Dios les había dado la libertad de dominar la creación y todo lo que había en ella para su propio sustento, pero no les había otorgado el poder de dominar lo desconocido, ni su destino, ni aquello más allá de sus posibilidades humanas.

Entonces irrumpió en escena Satanás, quien les ofreció saberlo todo y ser iguales a Dios. Dice el Génesis: «La serpiente era más astuta que las demás bestias del campo que el Señor había hecho. Y dijo a la mujer: "¿Conque Dios os ha dicho que no comáis de ningún árbol del jardín?". La mujer contestó a la serpiente: "Podemos comer los frutos de los árboles del jardín; pero del fruto del árbol que está en mitad del jardín nos ha dicho Dios: 'No comáis de él ni lo toquéis, de lo contrario moriréis'"»[97]. Entonces Satanás le lleva la contraria a Dios: «No, no moriréis; es que Dios sabe que el día en que

---

96  Gén 1, 26-28.
97  Gén 3, 1-3.

comáis de él, se os abrirán los ojos, y **seréis como Dios en el conocimiento del bien y el mal**»[98].

Al oír eso, dice el Génesis que Eva «se dio cuenta de que el árbol era bueno de comer, atrayente a los ojos y deseable para lograr inteligencia; así que tomó de su fruto y comió. Luego se lo dio a su marido, que también comió»[99].

Eva cayó en la trampa y creyó que Dios les había dicho que no comieran de ese árbol simplemente por capricho. Pero **Dios no tienta al hombre**, no tiene esa necesidad. Lo que sí pone a prueba es su fidelidad y obediencia.

Aquello desencadenó el transcurrir del paso del hombre sobre la tierra y su muerte tal como lo conocemos. Y durante todo este tiempo, **el hombre no ha dejado de desear ser como Dios**. El ansia de poder en las altas esferas, en el ámbito político y en el género humano en general es una clara muestra de que el ser humano quiere ganar el mundo de una manera desmesurada, que tiene que ver con el ego, la vanidad y los intereses personales, todo ello sumado a la mentira y a la falta de caridad.

A algunos les interesa que el mundo esté así, y al maligno más todavía. Recuerdo una frase que escuchaba de pequeño

---

98 Gén 3, 4-5.
99 Gén 3, 6. La negrita es mía, para resaltar algo que encontraremos una y otra vez a lo largo de este libro: Eva vio que era «atrayente» (se dejó llevar por los sentidos) y «deseable para lograr la inteligencia» (la ambición por lograr conocimiento, incluso de aquello que no nos hace bien, es otra constante, y no solo en la Nueva Era, sino a lo largo de toda la historia del ser humano).

y entonces me parecía graciosa: «Medio mundo vive del otro medio». Ahora la comprendo mejor y veo que es cierta. Hay un mundo que vive en la comodidad y otro en la calamidad, pero no existe una verdadera voluntad de mejorarlo. Da la sensación de que hay algo más allá, algo inexplicable, que nos lleva por un sendero empedrado y nos aparta del camino correcto.

Son muchos los que se han olvidado de Dios o no quieren creer. El hombre, en su ambición, se ha ido poco a poco posicionando en el lugar de Dios. De una sociedad teocéntrica, que ponía en el centro a Dios, el hombre pasó a una sociedad antropocéntrica, donde el centro era el propio hombre. A partir de la Revolución Francesa y de la Ilustración se dieron una serie de movimientos sociales, políticos y culturales que promovieron la exaltación del hombre y el olvido paulatino de Dios.

El hombre empezó a creer que podía lograrlo todo por sí mismo. Y en medio de su ensimismamiento, fue sustituyendo a Dios por otros dioses y por otras creencias ajenas a la verdad, en busca de un dios inventado, acomodaticio, a la medida de sus deseos. Por eso no es de extrañar que hayamos llegado a la actual confusión de valores, ni que se haya olvidado e incluso negado de dónde venimos y adónde vamos.

Mientras tanto, han ido emergiendo alternativas en las que creer, muchas de ellas basadas en la manipulación y la imposición de ideologías de una forma subrepticia. El hombre es cada vez más voluble. En medio de su confusión, el incremento de las doctrinas que alimentan la idea de que el hombre tiene poder para cambiarlo todo ha contribuido a que una ingente cantidad de personas opten por otras creencias, prácticas y terapias contrarias a la fe, muchas veces sin tener siquiera el conocimiento de lo que implican. Y ahí entra de lleno la Nueva Era, un nuevo paradigma de valores y una revolución de amplio espectro, que abarca desde la idea de la divinidad del ser humano a su potencialidad para entender y transformar el mundo por sí mismo.

Dentro del universo de la Nueva Era, como hemos visto, se entrelazan muchas teorías y realidades contrarias a la doctrina cristiana, y que en numerosas situaciones representan un verdadero peligro. Recordemos que la Nueva Era no deja de ser un, en el fondo, un «sincretismo de elementos esotéricos y seculares»[100], compuesto por una amplia variedad de doctrinas que buscan una **transformación de la percepción del mundo y de la espiritualidad,** a menudo con efectos extraordinarios, a través del conocimiento completo de uno mismo.

«Entre las tradiciones que confluyen en la Nueva Era pueden contarse: las antiguas prácticas ocultas de Egipto, la cábala, el gnosticismo cristiano primitivo, el sufismo, las tradiciones

---

100 Cf. WOUTER J. HANEGRAAFF, *New Age Religion and Western Culture. Esotericism in the Mirror of Secular Thought,* Leiden-New York-Köln (Brill) 1996, p. 377 et passim., citado en: *Jesucristo, Portador del Agua de la Vida: Una reflexión cristiana sobre la Nueva Era*, Consejo Pontificio de la Cultura y Consejo Pontificio para el Diálogo Interreligioso.

de los druidas, el cristianismo celta, la alquimia medieval, el hermetismo renacentista, el budismo zen, el yoga, etc.»[101].

La Nueva Era es, sin duda, «un restablecimiento o *revival* moderno de las religiones paganas con una mezcla de influjos tanto de las religiones orientales como de la psicología, la filosofía, la ciencia y la contracultura modernas, desarrolladas en los años cincuenta y sesenta»[102].

No debemos olvidar que, basándose en el **holismo** y el **panteísmo**, afirma que la verdad se encuentra en el ser humano, sin necesidad de intermediarios, y que **el hombre es igual a Dios, o puede llegar a serlo**. La Nueva Era no cree que exista un ser divino distinto del resto de la realidad. Como hemos visto, a partir de Carl Jung se desarrolla una corriente que defiende la existencia del *dios interior*. «Desde la perspectiva de la Nueva Era, nuestro problema consiste en la incapacidad de reconocer nuestra propia divinidad, una incapacidad que puede superarse con ayuda de un guía y usando toda una serie de técnicas para liberar nuestro potencial (divino) escondido. La idea fundamental es que "Dios" se encuentra en el fondo de nuestro interior. Somos dioses y descubrimos el poder ilimitado que hay dentro de nosotros despojándonos de las capas de inautenticidad»[103].

---

101 Consejos Pontificios, *Jesucristo, Portador...*

102 Comisión Teológica Irlandesa, *A New Age of Spirit? A Catholic Response to the New Age Phenomenon*, Dublín 1994, capítulo 3, citado en: *Jesucristo, Portador...*

103 Cf. Brendan Pelphrey, «I said, You are Gods. Orthodox Christian *Theosis* and Deification in the New Religious Movements» en *Spirituality East and West*, Pascua 2000 (N. 13), citado en: *Jesucristo, Portador...*

Son muchos los que consideran la Nueva Era desde un prisma positivo, ya que creen que promueve un renacimiento y una mejora universal para la humanidad. Para los seguidores de este movimiento, el cristianismo se ha quedado obsoleto y requiere cambios. Piensan que el cristianismo es un concepto con imperfecciones ideológicas que se ha usado como medio de manipulación, pero que no contiene la verdad. En cambio, creen que la Nueva Era ofrece un camino hacia la libertad y el conocimiento que le han sido negados a la humanidad hasta ahora por ideas equivocadas sobre la capacidad mental y espiritual del ser humano.

Precisamente por eso, la Iglesia católica ha sido objeto de ataques frontales por parte de diferentes sectores de la Nueva Era que niegan la diferenciación entre el bien y el mal, la libertad y la dignidad humanas, el sentido del sufrimiento o la importancia de la familia como célula de la sociedad.

### Qué dice la Iglesia Católica

Hemos citado numerosos ejemplos de lo que dice la Iglesia sobre las prácticas de la Nueva Era. A modo de conclusión, ofreceremos algunas afirmaciones del documento *Jesucristo, Portador del Agua de la Vida*, que considero pueden ayudar al lector en su comprensión de este tema:

I.  «Desde el punto de vista de la fe cristiana, **no es posible aislar algunos elementos de la religiosidad de la Nueva Era como aceptables por parte de los cristianos**

**y rechazar otros.** Puesto que el movimiento de la Nueva Era insiste tanto en la comunicación con la naturaleza, en el conocimiento cósmico de un bien universal —negando así los contenidos revelados de la fe cristiana—, no puede ser considerado como algo positivo o inocuo. En un ambiente cultural marcado por el relativismo religioso, es necesario alertar contra los intentos de situar la religiosidad de la Nueva Era al mismo nivel que la fe cristiana, haciendo que la diferencia entre fe y creencia parezca relativa y creando mayor confusión entre los desprevenidos. En este sentido, resulta útil la exhortación de san Pablo: **"Avisar a algunos que no enseñen doctrinas extrañas, ni se dediquen a fábulas y genealogías interminables, que son más a propósito para promover disputas que para realizar el plan de Dios, fundado en la fe"** (I Tim I, 3-4). Es por ello necesario identificar con precisión los elementos que pertenecen al movimiento Nueva Era, que no pueden ser aceptados por quienes son fieles a Cristo y a su Iglesia».

2. «En el Prefacio al Libro V de *Adversus Haereses*, san Ireneo se refiere a **"Jesucristo, que, por medio de su amor trascendente, se convirtió en lo que somos, para poder llevarnos a ser lo que él mismo es"**. Aquí la *theosis*, el **modo cristiano de entender la divinización,** no se realiza solamente en virtud de nuestros esfuerzos, sino con **el auxilio de la gracia de Dios, que actúa en y por medio**

**de nosotros.** Naturalmente, esto implica una conciencia inicial de nuestra imperfección, incluso de nuestra condición pecadora, todo lo contrario de la exaltación del yo. Además, se despliega como una introducción a la vida de la **Trinidad, un caso perfecto de distinción en el corazón mismo de la unidad: sinergia y no fusión.** Todo esto acontece como resultado de un **encuentro personal,** del ofrecimiento de un nuevo género de vida. La vida en Cristo no es algo tan personal y privado que quede restringido al ámbito de la conciencia. **Ni es tampoco un nivel nuevo de conciencia.** Implica una transformación de nuestro cuerpo y nuestra alma mediante la participación en la vida sacramental de la Iglesia».

3. Sobre la oración y la espiritualidad, incluye el documento algunos puntos que añado aquí (la numeración es mía):

> 3.1. «Para los cristianos, **la vida espiritual consiste en una relación con Dios que se va haciendo cada vez más profunda con la ayuda de la gracia,** en un proceso que ilumina también la relación con nuestros hermanos».

> 3.2. «Las prácticas de la Nueva Era **no son realmente oración,** pues suelen tratarse de introspección o de fusión con la energía cósmica, en contraste con la **doble orientación de la oración cristiana,** que comprende la introspección, pero que es, sobre todo, un **encuentro con Dios».**

3.3. «Hay algunas técnicas espirituales que conviene aprender, pero Dios es capaz de soslayarlas e incluso de prescindir de ellas. **Para un cristiano, su modo de acercarse a Dios no se fundamenta en una técnica,** en el sentido estricto de la palabra. Eso iría en contra del espíritu de infancia exigido por el Evangelio. La auténtica mística cristiana nada tiene que ver con la técnica: es siempre un don de Dios, cuyo beneficiario se siente indigno».

3.4. «La mística cristiana, más que un mero esfuerzo humano, es esencialmente **un diálogo que "implica una actitud de conversión, un éxodo del yo del hombre hacia el Tú de Dios"**».

3.5. «El cristiano, también cuando está solo y ora en secreto, tiene la convicción de **rezar siempre en unión con Cristo, en el Espíritu Santo, junto con todos los santos para el bien de la Iglesia»**.

**Igual que el mal puede abrir puertas, Dios puede cerrarlas**

A través de mi propia experiencia y de una investigación más o menos exhaustiva sobre el fenómeno de la Nueva Era, no puedo más que reiterar que la verdad no es la que cada uno pretenda acomodar a su criterio, ni la religión es un supermercado donde uno pueda ir metiendo en un carrito lo que le apetece, pasando de largo o saltándose lo que no le interesa.

En el pasado creía que ser libre era hacer lo que yo quisiera, sin detenerme a pensar a quién podía hacer daño y saltándome todas las normas. Llegué a idealizar a videntes y brujos y les concedí el papel de guías de mi vida en la toma de decisiones. Y me equivoqué. Ahora sé que Dios me ha hecho libre para que pueda optar por el bien y para que responda libremente a su amor. Y eso intento todos los días de mi vida.

# Agradecimientos

A Dios y a la Virgen de Medjugorje, por inspirarme para que pudiera escribir este libro. A mi madre, que con sus plegarias constantes e inagotables, quiso que Jesús de Nazaret obrara un milagro en mi vida. A Elena, soporte de mis días. Gracias también a Marta Moreno, editora de Nueva Eva, por su confianza en mí y por apostar por este libro desde el primer momento. Y al padre Ángel Tello, amigo y director espiritual, por alentarme en mi conversión. ¡Gracias!

# ORACIÓN A SAN MIGUEL ARCÁNGEL

## León XIII

*San Miguel arcángel, defiéndenos en la batalla,*
*sé nuestro amparo contra las maldades y asechanzas del diablo.*
*Que Dios le reprenda, es nuestra humilde súplica;*
*y tú, Príncipe de las milicias celestiales,*
*por el poder de Dios,*
*arroja al infierno a Satanás y a los demás espíritus malignos,*
*que rondan por el mundo buscando la ruina de las almas.*
*Amén.*

El Papa León XIII instituyó una oración a san Miguel arcángel para toda la Iglesia. Estableció la recitación de esta oración después de la misa rezada, y se recitó hasta el Concilio Vaticano II, cuando dejó de ser obligatoria. El padre Domenico Pechenino dejó escrito lo que sucedió: «No recuerdo el año exacto. Una mañana el sumo pontífice León XIII había celebrado la Santa Misa y estaba asistiendo a otra de agradecimiento, como era habitual. De pronto, le vi levantar enérgicamente la cabeza y luego mirar algo por encima del celebrante. Miraba fijamente, sin parpadear, pero con un aire de terror y de maravilla, demudado. Algo extraño, grande, le ocurría. Finalmente, como volviendo en sí, con un ligero pero enérgico ademán, se levanta. Se le ve encaminarse hacia un despacho privado. Los familiares le siguen con premura y ansiedad. Le dicen en voz baja: "Santo Padre, ¿no se siente bien? ¿Necesita algo?". Responde: "Nada, nada". Al cabo de media hora hace llamar al secretario de la Congregación de Ritos y, dándole un folio, le manda imprimirlo y enviarlo a todos los obispos diocesanos del mundo. ¿Qué contenía? La oración que rezamos al final de la misa junto con el pueblo, con la súplica a María y la encendida invocación al Príncipe de las milicias celestiales, implorando a Dios que vuelva a lanzar a Satanás al infierno».

# ORACIÓN AL ESPÍRITU SANTO

Cardenal Verdier

*Oh Espíritu Santo,*
*Amor del Padre y del Hijo,*
*inspírame siempre lo que debo pensar,*
*lo que debo decir,*
*cómo debo decirlo,*
*lo que debo callar,*
*cómo debo actuar,*
*lo que debo hacer,*
*para gloria de Dios,*
*bien de las almas*
*y mi propia santificación.*

*Espíritu Santo,*
*dame agudeza para entender,*
*capacidad para retener,*
*método y facultad para aprender,*
*sutileza para interpretar,*
*gracia y eficacia para hablar.*
*Dame acierto al empezar,*
*dirección al progresar*
*y perfección al acabar.*
*Amén.*